本书感谢财政部“全国会计领军人才培养工程特殊支持计划课题研究项目”（项目批准号：财办会〔2016〕42 号）、财政部会计名家培养工程（项目批准号：财会〔2019〕19 号）、国家自然科学基金重大项目“会计、审计对企业经营管理与宏观经济发展的影响研究”（项目批准号：71790603）、国家自然科学基金面上项目“激励创新的薪酬契约研究——侧重风险承担的视角”（项目批准号：71572197）、国家自然科学基金面上项目“互联网商业模式对高管薪酬契约的影响研究”（项目批准号：71872187）和东莞市培养高层次人才特殊支持计划项目（2020）的支持！

中国企业海外并购中的财务风险研究

Studies on Financial Risks of Chinese Companies in Overseas Merger and Acquisition(M&A)

刘运国 著

中国社会科学出版社

图书在版编目(CIP)数据

中国企业海外并购中的财务风险研究/刘运国著.—北京:中国社会科学出版社,2020.12

ISBN 978-7-5203-7098-1

Ⅰ.①中… Ⅱ.①刘… Ⅲ.①企业兼并—跨国兼并—财务风险—风险管理—研究—中国 Ⅳ.①F279.214

中国版本图书馆CIP数据核字(2020)第164087号

出版人 赵剑英
责任编辑 黄 晗
责任校对 王玉静
责任印制 王 超

出 版 中国社会科学出版社
社 址 北京鼓楼西大街甲158号
邮 编 100720
网 址 http://www.csspw.cn
发行部 010-84083685
门市部 010-84029450
经 销 新华书店及其他书店

印 刷 北京君升印刷有限公司
装 订 廊坊市广阳区广增装订厂
版 次 2020年12月第1版
印 次 2020年12月第1次印刷

开 本 710×1000 1/16
印 张 16.5
字 数 201千字
定 价 89.00元

序

运国教授与我既是同事，也是校友，他也是我指导的第一位财政部特支计划学员。由于共同的教师职业和教学科研兴趣，有很多机会在一起探讨学术问题。运国教授对学术研究的执着追求和勤奋，给我留下了深刻印象。

《中国企业海外并购中的财务风险研究》是他承担的财政部特支计划研究项目的代表成果。目前仍处于新冠肺炎疫情防控期间，学校还没有正式开学，他将这部书稿通过电子邮件发送给我，希望我写一个序。在通读全文后，我乐意写这个序言。

随着对外开放的不断扩大，中国企业海外并购的实践日益增多。中国企业的海外并购，在实施“一带一路”倡议、在企业“走出去”不断做大做强的过程中发挥着越来越重要的作用。改革开放以来，我们过去更多的是研究外国企业到中国投资，也就是外国的跨国公司投资中国，但对中国企业到海外的研究还很不够。尤其是近年来，随着国际形势的复杂多变，中国企业海外并购碰到的多种风险和挑战在不断增加。从这个意义上说，《中国企业海外并购中的财务风险研究》是对中国企业海外并购问题研究的新探索、新成果。

这部著作定位于中国企业海外并购中财务风险问题的研究。这类风险不同于一般企业的财务风险。企业海外投资，尤其是中国企业的海外并购财务风险有很多未被揭开的神秘和独特之处。本书的研究面向重大需求、面向现实问题，具有重要的理论意义和实践价值。通读全书，我能体验到以下四个特色。

一是找准了关键环节，探究了关键问题。围绕中国企业海外并购中的财务风险问题，从中国企业海外并购的标的选择、标的估值与定价、融资与支付、并购后的整合四个相互关联的关键环节入手，深入分析探究了中国企业海外并购财务风险的潜伏—积累—传递—爆发—转换—处置—化解的规律。为中国企业在海外并购中防范和化解财务风险提供了有益的经验和启示。

二是扎扎实实开展了案例与实地研究。每一例中国企业海外并购的背后都隐藏其独特的财务风险，本书的研究采用了案例研究方法。据我了解，在研究过程中，作者及其研究团队成员扎扎实实地开展了实地调研和高管访谈等，努力尝试把论文写在中国大地上的火热实践中。

三是形成了一些带有一定规律性和启示意义的结论。例如，选择具有“境外控制的境内优质标的资产”的境外公司进行并购；又如，在市场波动大的情况下，采用收益法可能更适合进行标的资产估值；海外并购融资时尽可能采用银团贷款或者利用并购基金；在并购支付方式选择上，尽可能利用资本市场减少现金支付压力，采用以股换股、股权置换等方式；在并购后的整合上，根据不同情境，采用“基础平台共享，各自独立运作”的方式逐步整合；等等。我相信，这些都将为防范和化解中国企业在海外并购中的财务风险提供有益的经验和启示。

四是提出了有参考价值和可操作性的建议。研究兼顾了微观和宏观，理论、方法与政策，从宏观政策层面和微观企业层面都提出了具有参考价值和可操作性的建议。

综合起来，《中国企业海外并购中的财务风险研究》涉及的研究问题重要，分析的视角和框架独特，呈现的资料丰富，分析总结的经验可学，是一部具有一定开拓性的学术论著。希望这部著作对中国企业“走出去”，对中国企业做强做大，对培育更多有中国特色的跨国公司，对发展中国企业财务风险管理的理论与方法都能起到一定促进作用。

魏明海

2020 年 3 月 29 日

摘　要

2019年7月22日，《财富》杂志发布了2019年最新的世界500强榜单，其中来自中国的企业有129家，首次超过美国（121家），这是具有非同寻常意义的大事。企业是一国经济的细胞，企业强，则国强。这129家中国企业中，来自中国大陆（包括中国香港）的有119家，与美国旗鼓相当。查看这些中国企业，我们发现大部分都有海外并购的行为。事实说明，海外并购为这些中国企业做大做强发挥了重要作用。

本书以"**中国企业海外并购中的财务风险研究**"为核心研究问题，围绕中国企业海外并购的**四个关键环节**（海外并购**标的的选择**—海外并购标的的**估值与定价**—海外并购的**融资与支付**—海外**并购后的整合**），从理论上和实践（案例研究）上深入探讨了海外并购**财务风险的潜伏—累积—传递—爆发—转换—处置化解的规律**，为中国企业在海外并购中防范其财务风险提供了经验、启示和建议。本书对总结中国企业海外并购已有经验和规律，指导中国企业未来的海外并购实践具有重要的理论意义和实践价值。

本书的结构安排如下：第一章为绪论，介绍本项目研究的目的和意义、问题的提出、选题的背景、文献综述、研究方法、全书结构安排等；第二章为中国企业海外并购的财务风险问题研究总体框架及说明；第三章为中国企业海外并购的总体描述性统计分析；第四章为中国企业海外并购标的选择的风险研究，包括理论层面的分析和东山精密典型实践案例研究；第五章是中国企业海外并购的估值与定价风险研究，包括理论分析和时代新材与长电科技两个实践案例研究；第六章是中国企业海外并购融资与支付方式选择风险研究，包括理论分析和通源石油与中国天楹两个实践案例研究；第七章是中国企业海外并购后的整合风险研究，包括理论分析和 TCL 与吉利两个实践案例的研究；第八章为结论与建议。

本书研究的主要发现：中国企业海外并购标的选择主要在**欧美及北亚发达国家**，主要集中在金融保险、采掘、机械制造、汽车制造、电子制造等行业；购买“**境外控制的境内优质标的资产**”是一种适合中国目前国情的海外并购标的选择策略；中国企业海外并购的估值主要采用了市场比较法和收益法—折现现金流量法，案例研究表明，**收益法**更适合中国现阶段实际，并有利于中国企业；在并购融资方式上，现阶段中国企业主要采用自有资金和银行（银团）贷款，并购基金融资正在兴起。在并购支付方式上，中国企业主要采用的是**现金支付方式**，这种方式给中国企业带来**很大的现金流风险**。在并购后整合方面，基于海外标的的复杂性，尤其是文化差异巨大，理论分析和案例研究均表明，吉利并购沃尔沃后的整合模式“**各自独立运营，基础（知识、技术、品牌）平台共享模式**”是中国企业降低并购整合风险的可行策略。

本书结合上述发现对中国企业**海外并购标的选择、标的估值与定价、融资与支付、并购后整合四个阶段可能发生的财务风险**从理论到实践案例进行了比较详细深入的分析。基于这些分析，本书从**宏观**政府部门制定相关政策层面到**微观**企业层面提出了具体的可操作性的建议。

关键词： 海外并购　财务风险　案例研究　估值与定价　融资与支付　整合

目　录

第一章　绪论

第一节　研究目的与意义

近年来，中国企业海外并购呈持续增长态势。“走出去”，已经成为中国企业近年来提高国际竞争力，提高发展质量的重要手段。越来越多实力雄厚的中国企业走出国门，收购海外优质企业，作为企业全球化发展的战略跳板。比如TCL收购法国汤姆逊彩电和阿尔卡特手机、联想集团并购IBM的PC业务、吉利汽车并购沃尔沃等。据《财富》杂志2019年7月22日发布的世界500强榜单，中国企业数量达到129家。其中，中国内地、中国香港企业有119家，中国台湾企业有10家。通过查询这些企业的官方网站并比对SDC Platinum全球并购数据库和巨潮咨询官网公告可知，在129家世界500强中国企业中，有57家企业进行过海外并购，其并购标的遍布世界45个国家和地区，涉及能源、金融、制造和TMT等多个行业（见表1-1）。

上述数据表明，海外并购在中国企业做大做强、跻身世界一流企业的过程中发挥了至关重要的作用。首先，海外并购有助于企业获取关键资源，“曲线”进入当地市场。例如，2005年中国石油天然气集团公司通过并购叙利亚幼发拉底石油公司38%的股权，不

表 1－1　　2019 年财富世界 500 强中国企业海外并购统计

企业名称	并购时间	并购标的名称	标的所在国家和地区	标的金额	收购比例（%）
中国石油化工有限公司	2006 年	乌德穆尔特公司	俄罗斯	35 亿美元	96.86
	2008 年	Tanganyika	加拿大	130 亿人民币	100
	2009 年	Addax 公司	瑞士	72.4 亿美元	100
	2010 年	Syncrude 公司	加拿大	46.75 亿加元	9.03
	2010 年	Reposol 公司	巴西	71 亿美元	40
	2011 年	OXY	阿根廷	24.5 亿美元	100
	2012 年	Devon 能源公司	美国	22 亿美元	33
	2012 年	Galp 巴西资产	巴西	51.56 亿美元	30
	2012 年	法国道达尔公司	法国	24.6 亿美元	20
	2012 年	塔利斯曼能源公司	加拿大	15 亿美元	49
	2018 年	雪佛龙	南非	13.9 亿美元	75
中国石油天然气集团公司	2002 年	戴文能源公司	印度尼西亚	2.16 亿美元	—
	2005 年	幼发拉底石油公司	叙利亚	5.78 亿美元	38
	2005 年	ENCANA 石油公司	加拿大	14.2 亿美元	—
	2005 年	石油 PK 公司	哈萨克斯坦	41.8 亿美元	33
	2009 年	阿萨巴斯卡油砂公司	加拿大	17 亿美元	60
	2009 年	新加坡石油公司	新加坡	10.2 亿美元	45.51
	2010 年	箭牌能源公司	澳大利亚	35 亿澳元	100
	2010 年	壳牌叙利亚油气开发公司	叙利亚	—	35
	2011 年	英国英力士集团	英国	10.18 亿美元	—
	2012 年	法国苏伊士环能集团	法国	—	40
	2012 年	Groundbirch 区块及资产	加拿大	13.04 亿加元	20
	2013 年	巴西能源（秘鲁）公司	巴西	26 亿美元	100
	2013 年	亚马尔 LNG 项目	俄罗斯	6.6 亿人民币	20
	2013 年	埃尼东非公司	意大利	42 亿美元	28.57
	2013 年	康菲—波塞冬项目	美国	4.007 亿美元	20
	2014 年	秘鲁石油项目	秘鲁	26 亿美元	100
	2014 年	亚马尔 LNG 公司	美国	—	20

续表

企业名称	并购时间	并购标的名称	标的所在国家和地区	标的金额	收购比例（%）
国家电网	2016 年	CPFL 公司	巴西	120 亿人民币	23.60
	2016 年	CPFL 公司	巴西	146.7 亿人民币	29.40
	2017 年	CPFL 公司	巴西	221 亿人民币	40.12
	2018 年	国家能源网公司	葡萄牙	32 亿人民币	25
中国建筑集团有限公司	2014 年	美国 Plaza 建筑公司	美国	4440 万美元	92.50
中国工商银行	2000 年	友联银行	中国香港	18.05 亿港币	53.24
	2006 年	Halim 银行	印度尼西亚	2000 万美元	90
	2007 年	诚兴银行	中国澳门	46.83 亿澳元	79.93
	2008 年	ACL 银行	泰国	—	49.90
	2009 年	东亚银行	加拿大	5.67 亿港币	70
	2009 年	ACL 银行	泰国	35.220425 亿泰铢	19.26
	2011 年	东亚银行	美国	1.4 亿美元	80
	2013 年	永丰金控	中国台湾	187 亿新台币	20
	2014 年	标银公众	南非	46.638401 亿人民币	60
	2014 年	Tekstilbank	土耳其	19.774718 亿人民币	75.50
	2015 年	Tekstilbank	土耳其	3.351403 亿人民	17.32
中国建设银行	2009 年	美国国际信贷（香港）有限公司	中国香港	7000 万美元	100
	2014 年	BIC 银行	巴西	16 亿巴西雷亚尔	72
上海汽车集团股份有限公司	2003 年	韩国双龙	韩国	40 亿人民币	48.90
中国银行	2008 年	爱德蒙得洛希尔银行	法国	1.099249 亿欧元	9.30
中国人寿	2014 年	10 Upper Bank Street 大楼	英国	7.95 亿英镑	90
中国移动	2007 年	巴科泰尔有限公司	巴基斯坦	2.84 亿美元	88.86
	2014 年	True 公司	泰国	55 亿人民币	18
中国中铁	2009 年	Corriente Resources Inc	加拿大	6.79 亿加元	100
	2016 年	Cideon	德国/瑞士	1.455 亿欧元	100
华为投资控股有限公司	2007 年	3Com	美国	3.63 亿美元	16.50

续表

企业名称	并购时间	并购标的名称	标的所在国家和地区	标的金额	收购比例（%）
中国海洋石油有限公司	2002 年	印度尼西亚 5 个区块油田	印度尼西亚	5.85 亿美元	—
	2002 年	印度尼西亚东固天然气	印度尼西亚	2.75 亿美元	12.50
	2003 年	NWS 天然气	澳大利亚	3.48 亿美元	5.30
	2003 年	北里海油田	哈萨克斯坦	6.15 亿美元	8.35
	2004 年	印度尼西亚 Muturi 天然气	印度尼西亚	9810 万美元	20.77
	2005 年	加拿大 MEG 公司	加拿大	1.5 亿加元	16.69
	2005 年	优尼科公司	美国	185 亿美元	100
	2006 年	尼日利亚 130 号海上石油	尼日利亚	22.68 亿美元	45
	2013 年	尼克森	加拿大	151 亿美元	100
东风汽车	2011 年	格特拉克	德国	—	30
	2012 年	T Engineering AB	瑞士	—	70
	2014 年	标致雪铁龙集团	法国	8 亿欧元	14
	2015 年	Carat Duchatelet SA	比利时	8000 万美元	—
中国一汽	2009 年	Volvo Penta-truck engine unit	瑞典	—	100
中化国际	2008 年	Monsanto Co-Butachlor & Alachlor Businesses	印度	—	100
	2009 年	Nufarm Ltd	澳大利亚	26.2 亿澳元	
	2012 年	Tepma BV	哥伦比亚	10 亿美元	100
	2014 年	NewPort Tank Containers	美国	2.751848 亿人民币	40
	2016 年	合盛公司	新加坡	1.353297 亿新加坡元	30.07
中国中交	2010 年	Friede Goldman United, Ltd	美国	1.25 亿美元	100
	2014 年	John Holland	澳大利亚	9.531 亿澳元	100
	2015 年	香港建设公司	中国香港	0.15543 亿人民币	30
	2017 年	Aecon	加拿大	75.09 亿人民币	100
	2017 年	Concremat	巴西	1.0323 亿美元	80
	2017 年	Autopistas Uraba Sas	哥伦比亚	858 万美元	—
中国南方电网	2018 年	BIP	加拿大	13 亿美元	27.80
	2018 年	Ardian	法国	—	24.92

续表

<table>
<tr><th>企业名称</th><th>并购时间</th><th>并购标的名称</th><th>标的所在国家和地区</th><th>标的金额</th><th>收购比例（%）</th></tr>
<tr><td rowspan="8">中国五矿</td><td>2003 年</td><td>东方鑫源</td><td>中国香港</td><td>—</td><td>—</td></tr>
<tr><td>2003 年</td><td>东方有色</td><td>中国香港</td><td>—</td><td>—</td></tr>
<tr><td>2008 年</td><td>北秘鲁铜业</td><td>加拿大</td><td>4.37 亿加元</td><td>100</td></tr>
<tr><td>2008 年</td><td>德国 HPTec</td><td>德国</td><td>—</td><td>100</td></tr>
<tr><td>2009 年</td><td>OZ Minerals</td><td>澳大利亚</td><td>17 亿美元</td><td>100</td></tr>
<tr><td>2010 年</td><td>MMG</td><td>中国香港</td><td>18.46 亿美元</td><td>100</td></tr>
<tr><td>2012 年</td><td>Anvil Mining Limited</td><td>加拿大</td><td>13.3 加元</td><td>90</td></tr>
<tr><td>2014 年</td><td>拉斯邦巴斯铜矿项目</td><td>秘鲁</td><td>70 亿美元</td><td>62.50</td></tr>
<tr><td>北汽集团</td><td>2018 年</td><td>戴勒姆</td><td>德国</td><td>24.6 亿欧元</td><td>5</td></tr>
<tr><td rowspan="4">中粮集团</td><td>2011 年</td><td>雷沃堡酒庄</td><td>法国</td><td>1000 万欧元</td><td>100</td></tr>
<tr><td>2011 年</td><td>Tully</td><td>澳大利亚</td><td>1.36 亿澳元</td><td>61.25</td></tr>
<tr><td>2014 年</td><td>来宝农业</td><td>中国香港</td><td>16 亿美元</td><td>51</td></tr>
<tr><td>2015 年</td><td>来宝农业</td><td>中国香港</td><td>7.5 亿美元</td><td>49</td></tr>
<tr><td rowspan="6">中国恒大</td><td>2014 年</td><td>New Media Group Holdings Ltd</td><td>中国香港</td><td>9.5 亿港元</td><td>75</td></tr>
<tr><td>2014 年</td><td>New Media Group Holdings Ltd</td><td>中国香港</td><td>—</td><td>25</td></tr>
<tr><td>2014 年</td><td>Prime Range Meats Ltd</td><td>新西兰</td><td>—</td><td>50.10</td></tr>
<tr><td>2015 年</td><td>Pioneer Time Investments Ltd</td><td>中国香港</td><td>16 亿美元</td><td>100</td></tr>
<tr><td>2015 年</td><td>Mass Mutual Tower</td><td>中国香港</td><td>125 亿港元</td><td>100</td></tr>
<tr><td>2016 年</td><td>Cala Group Ltd</td><td>英国</td><td>7 亿英镑</td><td>100</td></tr>
<tr><td rowspan="3">京东集团</td><td>2015 年</td><td>Zestfinance Inc</td><td>美国</td><td>1.5 亿美元</td><td>—</td></tr>
<tr><td>2017 年</td><td>Farfetch UK Ltd</td><td>英国</td><td>3.97 亿美元</td><td>14</td></tr>
<tr><td>2017 年</td><td>Go-Jek</td><td>印度尼西亚</td><td>1 亿美元</td><td>—</td></tr>
<tr><td rowspan="2">中国兵器工业集团</td><td>2012 年</td><td>Kiekert</td><td>德国</td><td>—</td><td>55</td></tr>
<tr><td>2015 年</td><td>Waldaschaff</td><td>德国</td><td>350 万欧元</td><td>100</td></tr>
<tr><td rowspan="9">中国化工集团</td><td>2006 年</td><td>安迪苏公司</td><td>法国</td><td>4 亿欧元</td><td>100</td></tr>
<tr><td>2006 年</td><td>凯诺斯控股有限公司</td><td>澳大利亚</td><td>14 亿人民币</td><td>100</td></tr>
<tr><td>2006 年</td><td>罗地亚公司</td><td>法国</td><td>4 亿欧元</td><td>100</td></tr>
<tr><td>2011 年</td><td>埃肯公司</td><td>挪威</td><td>19.5 亿美元</td><td>100</td></tr>
<tr><td>2011 年</td><td>安稻麦</td><td>以色列</td><td>24 亿美元</td><td>60</td></tr>
<tr><td>2015 年</td><td>REC</td><td>新加坡</td><td>43.40 亿挪威克朗</td><td>100</td></tr>
<tr><td>2015 年</td><td>倍耐力</td><td>意大利</td><td>75 亿欧元</td><td>100</td></tr>
<tr><td>2016 年</td><td>克劳斯玛菲</td><td>德国</td><td>9.25 亿欧元</td><td>100</td></tr>
<tr><td>2016 年</td><td>先正达</td><td>瑞士</td><td>430 亿美元</td><td>100</td></tr>
</table>

续表

企业名称	并购时间	并购标的名称	标的所在国家和地区	标的金额	收购比例（%）
中国宝武钢铁集团	2009 年	Aquila Resources Ltd	澳大利亚	2.85 亿澳元	15
	2009 年	Anglo American	巴西	16 亿美元	30
	2011 年	Amsteel Mills	马来西亚	10 亿美元	—
	2013 年	Wisco	德国	—	100
	2015 年	Fortescue Metals Group	澳大利亚	—	20
	2015 年	Da Ming International Holding Ltd	中国香港	4939 万美元	9.1
交通银行	2015 年	Banco BBM SA	巴西	1.7311 亿美元	80
中国航天工业集团	2011 年	NEC	日本	—	70
	2014 年	Align	美国	—	100
	2015 年	AIM Aviation Ltd	英国	—	100
中国电建	2013 年	TLT-Turbo GmbH	德国	—	100
	2017 年	Geodata	意大利	—	80
阿里巴巴集团	2010 年	Vendio	美国	—	100
	2010 年	Auctiva	美国	—	100
	2014 年	高德	美国	2.94 亿美元	28
	2016 年	Lazada	东南亚	10 亿美元	51
	2017 年	Lazada	东南亚	10 亿美元	32
中国招商银行	2008 年	Wing Lung Bank Ltd	中国香港	193.021106 万港币	53.10
中国太平洋保险	2016 年	Metromile Inc	美国	5000 万美元	—
绿地集团	2014 年	RAM	英国	6 亿英镑	100
	2016 年	博大绿泽	中国香港	4.472201 亿港币	17.89
联想集团	2004 年	IBMPC 业务	美国	12.5 亿美元	100
	2018 年	卢森堡国际银行	卢森堡	15 亿欧元	90
河钢集团	2014 年	Duferco International Trading Holding Ltd	卢森堡	4.1310 亿美元	41
	2016 年	Zelezara Smederevodoo Smederevo	塞尔维亚	5240 万美元	100
上海浦东发展银行	2014 年	South Asia Investment	中国香港	850 万港元	100

续表

企业名称	并购时间	并购标的名称	标的所在国家和地区	标的金额	收购比例（%）
浙江吉利控股集团	2010 年	沃尔沃	瑞典	18 亿美元	100
	2012 年	富士重工	日本	—	20
	2013 年	Manganese Bronze Holdings Plc	英国	1850 万美元	80
	2014 年	Emerald Automotive LLC	美国	—	100
	2017 年	Proton Holdings	马来西亚	7.7 亿元人民币	49.90
	2017 年	Terrafugia Inc	美国	—	100
中国民生银行	2007 年	UCBH	美国	6.83 亿人民币	4.90
	2008 年	UCBH	美国	2.04 亿人民币	5
腾讯集团	2008 年	MIH India Global Internet Ltd	印度	750 万美元	50
	2010 年	Digital Sky Technologies Ltd	俄罗斯	3 亿美元	10.30
	2012 年	Epic Game	美国	3.3 亿美元	48.40
	2012 年	Kakao Corp	韩国	720 亿韩元	13.80
	2014 年	华南城	中国香港	15 亿港元	9.90
	2014 年	CJ Games Corp	韩国	5 亿美元	28
	2015 年	Glu Mobile Inc	美国	1.26 亿美元	14.60
	2017 年	Rovio	芬兰	30 亿美元	100
	2017 年	Frontier Developments Plc	英国	1.56 亿人民币	9
招商局	2010 年	路凯公司	澳大利亚	40 亿人民币	—
	2012 年	吉布提码头资产	吉布提	1.85 亿美元	23.50
	2013 年	吉布提港有限公司	吉布提	—	23.50
	2013 年	Terminal Link	法国	4 亿欧元	49
	2014 年	纽卡斯尔（Newcastle）港口 98 年的收费管理权和土地租赁权	澳大利亚	17.5 亿澳元	100
	2015 年	Kumport 码头	土耳其	9 亿美元	65
	2018 年	巴拉那瓜港口项目	巴西	28.91 亿雷亚尔	90
万科集团	2016 年	Ryder Court	英国	1.5441 亿美元	100
	2017 年	普洛斯	新加坡	34 亿新加坡元	21.40
中国联通	2017 年	China Unicom Hong Kong Ltd	中国香港	112.5581 亿美元	21.70

续表

企业名称	并购时间	并购标的名称	标的所在国家和地区	标的金额	收购比例（%）
中国华能集团	2003 年	OzGen 公司	澳大利亚	2.27 亿美元	50
	2008 年	大士能源有限公司	新加坡	42.35 亿新加坡元	100
	2011 年	国际电力公司	印度	12.32 亿美元	50
光大集团	2016 年	大新金融中心	中国香港	100 亿港元	100
	2016 年	MP&Silva	英国	52 亿人民币	65
美的集团	2016 年	东芝家电	日本	514 亿日元	80.10
	2016 年	库卡集团	德国	292 亿人民币	81.04
中国航天科工集团	2017 年	德国 WKS 公司	德国	—	100
苏宁易购集团	2009 年	镭射电器公司	中国香港	1.1972 亿港元	100
	2016 年	国际米兰	意大利	2.63 亿欧元	68.55
沙钢集团	2007 年	Ivanhoe Mines-Savage River	澳大利亚	1.08 亿美元	90
国家电力投资公司	2016 年	太平洋水电公司	澳大利亚	—	100
	2016 年	特拉格风电场项目	澳大利亚	—	100
	2016 年	卡拉奇电力公司	巴基斯坦	18 亿美元	66.40
阳光龙净集团有限公司	2015 年	South East Group Ltd	中国香港	1.6754 亿美元	63.70
	2016 年	Phoenix Holdings Ltd	以色列	5.9048 亿美元	52.30
金川集团	2009 年	Tiomin Resource	肯尼亚	2500 万美元	70
	2010 年	Continental Minerals Corp	加拿大	4.32 亿加元	100
	2013 年	Metorex	南非	12.9 亿美元	100
	2013 年	Albidon Ltd	澳大利亚	—	50.1
鞍钢集团	2008 年	维加诺公司	意大利	—	60
	2008 年	金达必公司	澳大利亚	1.62 亿澳大利亚元	27.10
新疆广汇集团	2009 年	Rifkamp	荷兰	4052 万美元	100
	2009 年	Tarbagatay Munai LLP	哈萨克斯坦	—	49
海尔集团	2009 年	Haier Electronics Group Co Ltd	中国香港	2.5045 亿美元	31.90
	2015 年	Haier Singapore Investment Holding Co Ltd	新加坡	7.856 亿美元	100
	2016 年	General Electric Co-Appliances Business	美国	5600 万美元	100

续表

企业名称	并购时间	并购标的名称	标的所在国家和地区	标的金额	收购比例（%）
海亮集团	2016 年	JMF Co	美国	3000 万美元	100
	2016 年	Luvata Heating Cooling	泰国	8625 万欧元	100
中国通用技术集团	2019 年	ALLUR	哈萨克斯坦	—	51
新兴际华集团	2013 年	NT Majocchi	意大利	30.6 万欧元	51
	2013 年	African Metals Corp	加拿大	—	19.90

注：“—”表示企业未公布收购比例或金额。

资料来源：通过查询企业的官方网站并比对 SDC Platinum 全球并购数据库和巨潮咨询官网公告整理而成。

仅获取了优质的石油资源，而且“曲线”进入中东石油市场。其次，海外并购有助于企业获取先进技术，实现弯道超车。例如，通过并购德国工业机器人公司库卡，美的集团成功进入智能机器人领域，实现了由传统的家电制造企业向科技型智能装备企业的转型。被誉为央企“并购王”的中国化工集团则通过十年间的十次海外并购一举成为国际领先的化学工业巨头，实现了产业的优化升级。再次，海外并购有助于企业开拓新兴市场，获取更多客户资源。阿里巴巴集团收购的 Lazada 公司是一家自营式电商平台。Lazada 是东南亚最大的电商平台，在泰国、印度尼西亚和马来西亚的市场占有率均为第一名。通过投资 Lazada 公司，阿里巴巴集团成功开拓了东南亚这一新兴市场，获取了大量优质资源。最后，海外并购有助于企业获取更多海外融资，有助于企业更好地“走出去”。2018 年联想控股宣布收购卢森堡国际银行。作为卢森堡第三大银行机构，卢森堡国际银行为联想在欧洲的发展提供了更多海外融资，助力联想的国际化战略。综上所述，海外并购帮助企业获取了更多发展所需的资源、资金、市场和技术，促进了中国企业进一步做大做强。

近些年来，中国企业海外并购的实践行动开展得如火如荼。虽然中国企业海外并购的实务开展得异常丰富多彩，但理论研究却非常薄弱。中国企业的海外并购对落实中国企业“走出去”战略，落实习近平主席提出的“一带一路”倡议发挥了非常重要的作用。总结中国企业海外并购的经验和教训，提炼适合中国企业海外并购的最佳实践案例，尤其是在海外并购中**如何防范财务风险**，对于丰富相关海外并购研究文献，对于相关政府部门，比如财政部、证监会、国资委、国家外汇管理局、商务部等出台推进中国企业海外并购的相关配套政策措施，对于指导后续开展海外并购的中国企业如何**防范和化解财务风险**具有非常重要的理论意义和实践价值。

第二节　研究问题的提出

中国加入WTO、党的十八大提出培育世界水平的跨国企业和习近平主席“一带一路”倡议的提出使得全球化运作和“走出去”观念扎根在众多中国企业家的脑海中。“走出去”已成为越来越多中国企业扩大国际市场经营范围，提高国际影响力的重要途径。通过海外并购，将全球资源与中国相关产业对接并进行有效重组，无疑将大幅提高中国企业的核心竞争力和企业价值，使中国企业快速成长为世界一流跨国公司。但是，当并购活动跨越了国界之后，迥然不同的政治、经济、法律、文化环境、经营消费环境，使得**海外跨国并购成为一项复杂的高风险的经济活动**，从企业微观层面来看，遍布海外并购各个阶段的财务活动，在很大程度上影响了海外跨国并购的成败。海外并购，从并购决策——选择并购的标的，到进行并购方案设计（核心是财务方案），对并购标的进行科学估值，在估值基础上进行谈判确定并购对价，到确定融资方案，确定支付方式，到完成并购，以及并购完成后的并购整合都面临巨大风险，其中**核心和最终体现**都是企业的**财务风险**。由此，本书选择**中国企业海外并购中的财务风险问题作为核心研究问题**。

具体如图1-1所示，基于企业海外并购特殊的国家、政治、外汇、法律以及文化风险等背景，以财务风险的潜伏、累积、传递、爆发和处置为主线，将海外并购中的财务风险分为事前的标的选择风险、事中的估值与定价风险和融资与支付风险，以及事后的整合风险进行研究。

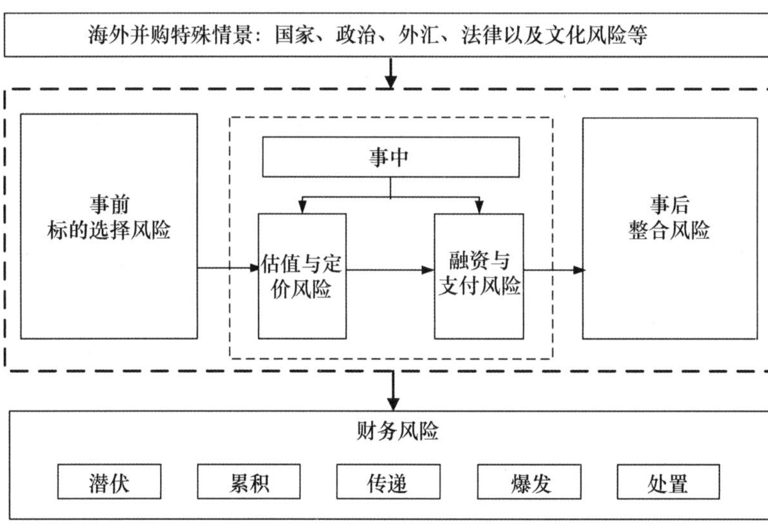

图1-1　本书核心研究问题

第三节　选题背景

一　中国加入WTO历史背景

2001年12月11日中国正式加入世界贸易组织（WTO），有力地促进了中国企业的国际化进程。中国加入 WTO 后，先是大量海外跨国公司进入中国，中国企业在与海外跨国公司的合作和竞争中不断成长。到近 10 多年来，中国企业通过海外并购走向国际市场，成长为具有一定国际竞争力的跨国公司。中国加入 WTO，不仅深刻地改变了中国，而且事实上也重塑了世界。**中国加入 WTO 的背景，是中国企业海外并购的重要的历史性机遇**。

二　中国企业产能普遍过剩背景

改革开放 41 年来，中国从需要布票、粮票、油票、肉票定量供应的短缺经济，发展为今天钢铁、煤炭、平板玻璃、水泥、电解铝、船舶、光伏、风电、石化产业等主要产业和产品都普遍过剩的过剩经济。2019 年我们去 TCL 调研得知，TCL 是全球第三大彩电供应商（排名第一和第二的分别是三星和 LG），彩电的产能现在也严重过剩，电视机的毛利逐年下降。我们去广东顺德的美的调研得知，作为一家优秀企业，从空调到冰箱、洗衣机、电饭煲，美的没有一个产品不是产能过剩的，家电产品的毛利也逐年下降。房地产行业的产能目前也严重过剩。根据有关数据，全国有 40% 左右的空置房。过剩的生产能力一方面需要通过供给侧结构性改革、去产能解决，另一方面需要寻找新的市场，“走出去”，走向国际，走向有需求的发展中国家。因此，中国企业产能普遍过剩的背景是推动中国企业海外并购的内在压力。

三　“一带一路”倡议背景

“一带一路”（The Belt and Road，B&R）是“丝绸之路经济带”和“21 世纪海上丝绸之路”的简称，是由中国国家主席习近平亲自提出和倡导的造福人类的历史性巨大工程，是与沿线国家和民族共同富裕的工程。“一带一路”倡议为中国企业到“一带一路”沿线国家开展海外并购提供了历史机遇。“丝路基金”和亚投行的设立为中国企业在“一带一路”沿线国家的投资和并购活动提供了良好的金融支持。根据汤森路透、中国社会科学院、清华—青岛数据科学研究院及清数研究联合发布的《“一带一路”跨境并购研究报告》显示，2014—2016 年，中国对“一带一路”沿线国家和地区的并购金额从 22.64 亿美元增至 97.55 亿美元，并在 2016 年超过美国和日本，成为对“一带一路”沿线国家和地区最主要的并购方。同时，中国企业的海外并购集中于能源行业、电力和原材料行业；对“一带一路”沿线国家的并购金额也高度集中，排名前五的分别是哈萨克斯坦、俄罗斯、以色列、新加坡和埃及，仅这五个国家就占据并购总额的 78.07%。一大批中国企业正在以海外并购作为向全球化跃升的杠杆，不断跨境扩张，以寻求新的利润增长点，优化资源配置、形成规模效益，增强企业竞争力。比如广东惠州的 TCL 集团，目前在越南和波兰有自己的海外电视机厂，而这些海外电视机厂就是在当年海外并购法国汤姆逊彩电工厂的基础上改建起来的。

四　美国贸易保护主义抬头背景

美国总统特朗普上台以来，以美国为首的贸易保护主义抬头。北京时间 2018 年 3 月 23 日凌晨，特朗普宣布对中国价值高达 500 亿美元的商品征收关税。2018 年 4 月 6 日，特朗普又称增加对中国 1000 亿美元贸易制裁。2018 年 9 月 17 日，特朗普宣布对中国 2000 亿出口产品征税，2018 年 9 月 24 日起加征 10% 关税，2019 年 1 月 1 日起加征 25% 关税。最近美国又宣布于 2019 年 9 月 1 日对中国 3000 亿美元进口商品加征关税。美国单边主义、贸易保护主义越来越猖獗。不仅仅是不断加税，美国还不断以国家安全为由，对中国企业海外并购美资企业设置障碍。比如，特朗普上台以来，美国外国投资委员会 CFIUS 对中国企业收购美国企业审查收紧，严重影响了中国企业对美国企业的正常商业并购投资行为。

五　潜在国际金融危机背景

2008—2009 年发源于美国的国际金融危机，对世界经济造成了巨大冲击。根据国际金融危机爆发的周期，一般每十年危机就爆发一次。2018—2019 年正处于这个时间档口。全球经济增长乏力，中国房地产行业疲软和产能普遍过剩，地方政府、企业和个人债务杠杆过高，特别是地方政府潜在的债务水平过高，都隐藏了大量风险。以美国为代表的国际贸易保护主义的抬头，给国际经济带来更大的复杂性和不确定性。潜在的金融风险将给中国企业海外并购的融资和财务带来更大的风险和挑战。

第四节　相关文献综述

一　国内外相关研究现状

关于企业并购的研究，**传统研究**主要集中在三大方面：**并购动因、并购过程以及并购绩效**。以 Ruback 和 Jensen 为代表的学者认为企业并购的主要动机是希望通过并购后的协同效应（包括经营协同效应、管理协同效应及财务协同效应等）来实现效率的增进（Ruback 和 Jensen，1983）。其他研究者对企业并购动机提出了更多的解释。代理理论认为，企业并购可能是管理者利己主义行为的体现，管理者通过并购以获取更多的控制权收益（Shleifer 和 Vishny，1989；李善民、毛雅娟和赵晶晶，2009）。管理者过度自信理论则认为管理者的盲目乐观促成了更多的并购决策（Roll，1986；谢亚涛，

2003）。针对并购过程的研究可以大致分为两个阶段。在实物期权理论出现以前，早期研究者分别从支付方式、目标公司持股比例等方面进行深入研究。研究发现，无论是支付方式的选择，还是持股比例方案都受到信息不对称因素的影响。同时，并购过程的差异也会最终影响并购绩效（Hansen，1987；Fishman，1989）。以 Lambrecht 为代表的学者开始运用实物期权模型在博弈的框架下研究兼并成本、标的竞争、财务杠杆对并购过程的影响（Lambrecht，2004；Morellec 和 Zhdanov，2005；李善民和李昶，2013）。在关于并购是否提高了企业价值这一问题上，无论是运用事件研究法观测股东财富效应，还是通过会计财务数据观测企业绩效改进，现有研究并没有得出一致的结论。部分学者发现成功的并购活动可以带来正向超额收益（Ruback 和 Jensen，1983；李善民和陈玉罡，2002），但另外一些研究则发现并购对企业价值的影响为负，但并不显著（Bruner，2002；费一文和蔡明超，2003）。最后，除了传统的企业并购研究领域，近年来**海外并购**作为一个研究分支成为重要且热门的研究话题。目前针对跨国并购的研究主要集中在两个领域，其一是将海外并购作为**企业国际化战略**的一种选择途径，进而探讨在不同风险情境下企业对国际化途径的选择及对海外并购过程的选择（Brainard，1993；Mattoo 等，2004；李善民和李昶，2013）；其二，是探讨海外并购对企业价值的影响（Kim，2003；Aybar 和 Ficici，2009）。中国学者也开始基于“走出去”的战略视角，利用案例研究、实证研究等方法对中国企业海外并购的制度动机、并购绩效进行相关研究，并对中国企业现有的海外并购效果持基本认可态度（李杰、李捷瑜和黄先海，2011；顾露露和 Robert Reed，2011）。

关于**海外并购财务风险**，桑一、刘晓辉（2014）以中海油并购尼克森为案例，研究了能源企业海外并购战略与风险识别问题。庞明（2011）以中国石油企业十年的海外并购案例为例，研究了中国石油企业跨国并购的财务风险问题。吴茹月（2013）基于中国移动并购巴基斯坦 Paktel 的案例，研究了中国企业跨国并购战略中的财务风险控制问题。张海亮、骆红（2018）研究了企业金融化与海外并购的财务风险问题。宋维佳、许宏伟（2011）基于 CAPM 模型和 Z 值模型，分析了中国资源型企业海外并购的绩效和风险问题。温日光（2015）考察了国家层面的风险观念对并购溢价及并购完成率的影响。孙淑伟等（2017）研究了中国企业海外并购溢价问题。王海（2007）基于联想并购 IBM-PC 业务的案例研究了中国企业海外并购经济后果。顾露露、Robert Reed（2011）和蒋冠宏（2017）研究了中国企业海外并购是否失败了的问题。刁鹏飞等（2018）专门研究了“一带一路”背景下中国企业海外并购估值风险问题。刘淑莲（2011）基于吉利并购沃尔沃的案例，分析了海外并购对价和融资方式选择对企业控制权转移和风险承担的影响。杨丹辉和渠慎宁（2009）研究了私募基金参与海外并购的核心动机和特定优势及其影响。项代有（2015）基于会计数据的小样本分析了海外并购的财务风险。

关于**并购财务风险**研究，国内外学者做了一些典型案例研究，主要是对一些典型的中国企业海外并购案例进行深入分析，分析其并购前后的财务状况，特别是偿债能力等反映财务风险的主要财务指标的变化情况，以此来判断并购是否增加了并购方企业的财务风险。有的研究通过计算并购企业在海外并购前后的 Z 值（欧特曼模型）或者 F 值来衡量并购前后财务风险的变化，由此判别海外并购的财务风险。也有少量的实证研究，通过收集小样本或大样本数据，来验证哪些因素影响财务风险。财务风险的衡量方法有三种：一是通过财务指标数据衡量；二是通过财务业绩波动情况衡量；三是通过股票市场价格波动情况来衡量。目前**鲜有研究从并购实施的整个过程和环节、海外并购标的选择—并购标的估值与定价—并购融资与支付—并购后整合和海外并购的财务风险潜伏—积累—传递—爆发—转换—转移—处置化解的路径这一视角深入分析海外并购的财务风险并总结提炼防范海外并购财务风险的经验和做法**。

二 国内外相关研究评述

通过查阅相关研究文献，我们得出以下简要结论。一方面，相对于国际学术界针对企业并购的研究，国内相关研究起步较晚，且大多参考与嵌套了国外相关的研究理论与框架。对国际研究的借鉴在一定程度上推进了国内学者关于企业并购的研究，但这在某种程度上也使得我们并未对本国制度因素加以足够重视。中国特殊的制度背景、政策管制和经济周期等因素会直接或间接影响企业并购过程与效果，甚至会对某一时期并购浪潮的形成产生重大影响。所以在往后的研究中，本土化的因素应该更加值得被考察与重视。另一方面，无论是国际，还是国内，针对企业海外并购问题的研究主要集中在并购的风险和绩效方面。在风险方面，主要是对法律风险、财务风险、文化整合风险、品牌整合风险等方面的研究。在绩效方面，主要是关于市场绩效和财务绩效方面的研究。而针对海外并购的财务风险问题的深入系统研究还比较少。同时，中国作为新兴经济实体，“走出去”战略实施时间并不算长，这在客观上也使得国内关于海外并购的研究较为不成熟，尤其是对并购财务风险的潜伏、积累、形成、爆发和处置的深入研究不够。这主要表现在以下四方面：

第一，对海外并购财务风险的研究多集中在定性层面，深入的案例研究和定量研究比较薄弱，实际指导性不强。第二，海外并购与国内并购相比具有更大的信息不对称性。虽然学界对海外并购的特有风险有一些定性的分析文献，例如，对国家政治风险、外汇管制风险、税收风险、法律风险和宗教文化风险等的分析，但还缺少比较深入的案例研究和定量研究。第三，现有研究主要集中在并购交易过程分析上，对并购后整合风险的研究不够，特别是业务与财务整合风险的研究缺乏。第四，缺乏把整个并购过程结合起来的财务风险研究。海外并购的所有风险其实最终都会体现在主并购方的财务风险上，需要将并购标的选择风险、并购财务方案设计风险，包括估值和定价、融资方案设计和支付方式选择、并购后整合结合起来进行研究。财务风险不是一下子就发生的，是在并购标的选择决策、并购财务方案—融资方案决定时就潜伏下来的，到条件成熟才爆发的。因此，本书将系统研究导致并购财务风险的海外并购标的选择、标的估值和定价、并购融资方案选择和支付方式选择、并购后整合风险。

第五节　研究方法

本书主要采用**案例研究**方法，辅之以**文献研究**、归纳和推理等方法，以中国企业海外并购的典型案例为素材，深入分析、解剖案例中海外并购的标的选择风险、估值与定价风险、融资方案选择风险、支付方式选择风险和并购后整合风险；同时，特别考察并购过程中所涉及的海外并购财务风险问题。配合进行实地调研，深入访谈，以开展深入的典型案例研究。

第六节　全书内容和结构安排

一　研究内容的确定

立项时的想法是中国企业海外并购中的财务与会计问题，具体包括四个方面：一是中国企业海外并购中的**财务问题**的研究，主要集中在并购方案中财务方案的设计问题上。并购“标的”的选择和并购“标的”的估值问题是其中的关键问题。所有的买卖中，买家都希望买一个低价，卖家都希望卖个高价。作为中国海外并购的主体，中国的企业，无论是国有企业，还是民营企业，在海外并购这个特殊的全球化市场都面临非常多的信息不对称问题。我们的企业和企业家怎么来评估和判断并购标的价值，这是个关键问题。估值的关键是未来现金流的估计和测算。海外并购具有更多的未来不确定性，问题更为复杂。有的企业委托给中介的评估机构去做估值，这个中介机构也存在如何去合理估值的问题。这个问题也是公司财务学中的一个核心问题。此外，就是并购财务方案的设计，怎么去收购？买企业，买设备，接受标的企业的人力资源，是付现，还是用股份对价？标的企业关键人力资源如果配股份，如何设计股份比例？如何设计股份的价值对价？此外，股份的禁售期和股份的解禁期及其解禁比例也是中国企业海外并购的关键问题。很多中国企业希望通过收购海外高科技企业实现弯道超车。人才是高科技企业的核心资源。并购后人才的流失会极大影响企业未来创造持续现金流的能力。当然还有可能退出的财务安排问题，等等。

二是中国企业海外并购中的会计问题研究。海外并购涉及不同的国家和地区。不同国家和地区适用不同的会计准则，有的是国际会计准则，也有的是自己国家的会计准则体系，比如美国是

GAAP，英联邦国家基本是国际会计准则。美国的 GAAP 和其他国家地区适用的国际财务报告准则，虽然与中国会计准则体系基本趋同和一致，但也还存在一些差别，尤其是在并购业务领域。比如合并报表问题、金融工具处理问题、外币管制、外币折算问题、不同货币通货膨胀问题等。

三是中国企业海外并购中的审计服务问题研究。如果是上市公司的海外并购，上市公司需要合并海外业务，编制合并会计报表。这个合并会计报表需要跨国的审计服务机构来进行审计。这就一定涉及海外并购的审计服务问题。如何选择审计机构，是中国母公司审计中介机构延伸服务，还是请标的所在国的审计机构合作？如何保证跨国审计工作的审计质量？如何进行这方面的审计协调和配合？这都是需要研究的问题。

四是中国企业海外并购中的税务问题研究。税务问题与会计问题密切相关。海外并购一定涉及不同国家和地区的税收管辖、国际税收征收、避免双重征税等问题。同时，“一带一路”倡议的提出极大地促进了沿线国家的经贸交流。为更好地吸引外资，“一带一路”沿线国家出台了许多税收优惠政策。这里面涉及的许多税务问题也值得我们深入研究和思考。

上述问题都是本书立项的时候，我们想到的问题。但是在研究过程中，我们就感受到问题比较大、比较多，做起来不聚焦，难度比较大。2018 年 8 月中期汇报的时候我们就把研究聚焦到财务问题上。后来中期汇报会上专家又提出了不少建议，其中一个意见就是，**建议再聚焦小点**，这样就聚焦到“**财务风险**”问题上。中期汇报回来后，我又与指导老师魏明海教授汇报和讨论。基于集中进行**有限突破的原则**，确定全书聚焦到“**中国企业海外并购的财务风险问题**”上，结项报告题目修改为“中国企业海外并购中的财务风险问题研究”。以后，待时间和条件成熟，再继续开展其他几个方面的研究。调整后的具体研究内容和框架安排如下：

二　全书结构安排

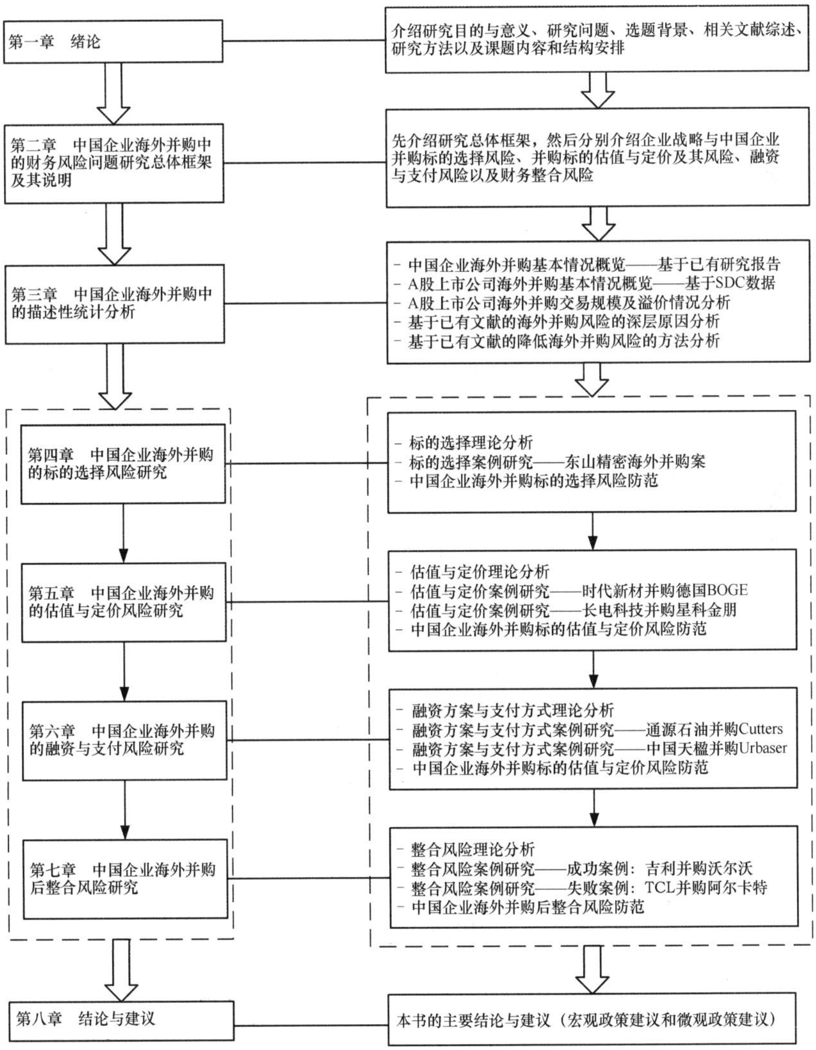

第一章　绪论
介绍研究目的与意义、研究问题、选题背景、相关文献综述、研究方法以及课题内容和结构安排
第二章　中国企业海外并购中的财务风险问题研究总体框架及其说明
先介绍研究总体框架，然后分别介绍企业战略与中国企业并购标的选择风险、并购标的估值与定价及其风险、融资与支付风险以及财务整合风险
第三章　中国企业海外并购中的描述性统计分析
- 中国企业海外并购基本情况概览——基于已有研究报告
- A股上市公司海外并购基本情况概览——基于SDC数据
- A股上市公司海外并购交易规模及溢价情况分析
- 基于已有文献的海外并购风险的深层原因分析
- 基于已有文献的降低海外并购风险的方法分析
第四章　中国企业海外并购的标的选择风险研究
- 标的选择理论分析
- 标的选择案例研究——东山精密海外并购案
- 中国企业海外并购标的选择风险防范
第五章　中国企业海外并购的估值与定价风险研究
- 估值与定价理论分析
- 估值与定价案例研究——时代新材并购德国BOGE
- 估值与定价案例研究——长电科技并购星科金朋
- 中国企业海外并购标的估值与定价风险防范
第六章　中国企业海外并购的融资与支付风险研究
- 融资方案与支付方式理论分析
- 融资方案与支付方式案例研究——通源石油并购Cutters
- 融资方案与支付方式案例研究——中国天楹并购Urbaser
- 中国企业海外并购标的估值与定价风险防范
第七章　中国企业海外并购后整合风险研究
- 整合风险理论分析
- 整合风险案例研究——成功案例：吉利并购沃尔沃
- 整合风险案例研究——失败案例：TCL并购阿尔卡特
- 中国企业海外并购后整合风险防范
第八章　结论与建议
本书的主要结论与建议（宏观政策建议和微观政策建议）

图1-2　全书写作框架

第二章　中国企业海外并购中财务风险问题研究总体框架及其说明

第一节　研究总体框架

近年来，中国企业通过海外并购“走出去”，落实“一带一路”倡议的越来越多。海外并购成功的案例不少，但是失败的案例也很多。根据中国商务部的统计，目前有2/3的中国企业海外并购后发生亏损，仅有1/3达到盈亏平衡或者盈利状态。根据麦肯锡对全球大型企业并购案例的研究，有67%的中国企业海外并购是不成功的。例如，复星国际4.6亿美元收购以色列保险和金融服务公司——凤凰控股有限公司失败案例；首钢总公司收购秘鲁铁矿后深陷10年股权转让纠纷；中国黄金集团公司收购巴里克（非洲）谈判失败等。对于积极探索海外发展空间，力图在全球产业链和价值链分工中占据更高位置，在先进制造业和服务业方面发挥更加重要作用的中国企业来说，把握“走出去”和“一带一路”倡议机遇的同时，在全新的国际环境中对海外并购的风险进行准确的识别和管控，是海外并购成功的关键所在。

做任何事情都会有风险，更何况是并购，而且是到我们不太熟悉的海外去并购，风险是必然的事情，风险也一定会比国内并购大。有风险并不可怕，关键是要对风险可知、可控、可承受。

企业财务风险是指企业所有资本中债务与资本比率的变化给经营活动带来的收益不确定性。一般而言，企业融资风险是企业融资决策带来的风险。例如，融资渠道的不同不可避免地导致企业资本结构的变化，导致企业财务状况的不确定性。事实上，海外并购的整个过程可能发生的风险，从并购决策——并购标的选择风险，到并购实施——财务方案确定风险、融资方案和支付方式选择风险，到并购后的整合风险，**最后都会反映到海外并购企业财务成果的不确定性上**。

海外并购的过程一般包括并购标的选择、并购标的资产的估值与定价、并购资金的筹措、并购支付方式的确定、并购资产的交割、并购后的整合。**海外并购的财务风险不是一下子产生的，是从做海外并购决策——并购标的选择就开始潜伏下来的，然后通过并购实施过程，特别是并购资金融资方式确定、支付方式确定得到进一步的积累、放大、传递，然后条件成熟才得以显现和爆发的**。因此，从整个海外并购财务风险的形成和潜伏积累过程看，海外并购财务风险主要体现在海外并购标的选择确定、估值与定价、融资与支付及整合四个方面。

一　海外并购决策（标的选择）风险

海外并购是一种对外直接投资行为，也是一个公司的战略行为。海外并购的并购标的企业一般在海外。相比国内并购而言，**海外并购的信息不对称更为严重**，在并购标的的选择分析决策上更加困难。企业在海外并购前应充分了解自身在并购过程中的优势和不足，从而科学地制定战略规划。如果决策者对本公司整个发展战略没有清晰的框架结构，对于自身拥有的资源和竞争优势没有充分的认识，对外部经济环境盲目乐观，出于机会主义盲目跟风，管理层的海外并购决策就会给公司带来较大财务风险。

二　海外并购估值与定价风险

在并购标的确定后，并购双方根据合理的经营假设，评估被并购方的价值，作为并购对价的参考依据。企业未来持续创造现金流的能力是企业价值的评估基础。未来经营收益的不确定性会导致并购方对企业价值的评估存在偏颇，这就为海外并购的估值与定价带来风险。过高的并购溢价导致企业负债水平增高，为企业带来潜在的财务风险。估值与定价环节潜藏的风险，从表层看并没有为并购企业带来任何损失，然而过高的估值为并购企业的融资环节带来巨大的风险和压力。估值与定价风险往往在并购后随着时间的推移慢慢体现出来。

三　海外并购融资与支付风险

海外并购项目融资一般涉及的资金量巨大。常见的几种融资方式包括债务融资、权益融资、杠杆收购等。海外并购融资风险主要体现在债务融资的能力、融资具体方式、融资环境、资本结构上。过高的债务将限制公司的经营和偿债能力，具体表现为企业资产负债率升高、流动比率下降。可以看到金融危机后利用杠杆的跨国并购已大幅度减少。部分大型国有企业的海外并购项目基本上依赖银行贷款甚至一些短期债券，这直接导致并购后企业的资产负债率上升、债务风险增加。

海外并购项目的资金支付也存在风险。支付方式是否综合考虑企业的各项财务指标，指标选择是否合理分析企业的现金流状况，都会对整个海外并购过程产生影响。支付方式会影响企业财务报表的多个方面。首先，不同的支付方式会导致截然不同的税收结果；其次，支付方式也会对并购会计处理产生直接的影响。并购的支付方式选择会对企业的财务状况，特别是现金流状况产生重大影响，如果处理不好，也会埋下重大财务风险隐患。

四　海外并购的整合风险

整合过程中的财务风险阻碍了企业实现其海外并购目标。有效的并购整合是企业海外并购成功的关键。有效的事后整合有助于并购双方财务制度的融合，协调和辅助企业的正常运营。并购财务风险的产生使得合并后的偿债能力和盈利能力低于合并前的偿债能力和盈利能力。如财务报表所反映，并购后股权比率（反映长期偿债能力）和流动性比率（反映短期偿付能力）可能会下降。盈利能力对并购产生重大影响，这通常反映在合并前后一年的资产收益率和营业利润率中。

根据上述分析和本书研究主题，我们确定如下的总体研究框架：

从图 2－1 可以看出，海外并购具有不同于国内并购的特殊的情景。由于国家政治体制、法律制度、外汇管理制度以及宗教文化方面的差异，必然会存在一定程度的国家政治风险、法律风险、外汇管制方面的风险和宗教文化方面的宏观风险。这些特殊的风险会影响到海外并购过程的每个环节。最终也会反映到企业的财务风险上。

从海外并购事件发生的整个过程逻辑出发，我们可以把海外并购事件划分为三个阶段：**事前的决策阶段；事中的方案设计和操作阶段；事后的整合阶段**。事前的决策阶段，主要任务是进行海外并购标的的尽职调查，结合并购方企业的战略，来决定是否进

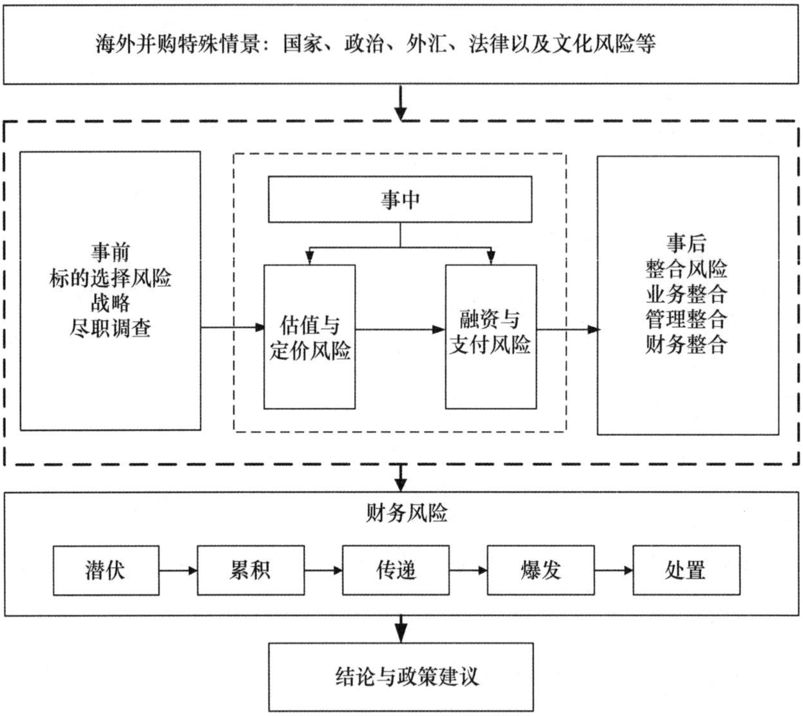

图2-1　全书总体研究框架

行海外并购？选择什么样的标的进行海外并购？必要情况下，需要组成专门的调查研究团队进行详细调查研究，可能需要聘请强有力的中介顾问团队提供决策咨询和参谋。在事中的并购方案设计和操作阶段，其主要任务是对并购标的进行估值和定价。估值是定价的前提。只有科学合理的估值，才能为定价提供决策依据。定价是在估值基础上，并购双方团队讨价还价博弈的结果。标的价格确定后，需要根据出价，来决定融资和支付方式，是现金支付、股份支付，还是换股并购？如果是现金支付，一般海外并购标的金额比较大，这个时候企业自有资金不足，就需要融资，采用什么融资方式合适？企业需要权衡不同融资方式成本和获取融资的时间等因素来做决定。不同融资方式和不同的支付方式会对并购企业的现金流和财务状况产生重大影响。事后的整合阶段主要任务是根据企业战略发展和业务需要对并购进来的标的资产进行全面的整合，特别是业务整合、人力资源整合和财务整合。整合的目的是让被并购资产发挥最大的协同效用，增加企业价值。

财务风险是企业风险的最终体现，企业的所有风险最终都会体现在企业的财务风险上面。根据前文的分析，本研究所指的是**广义的财务风险，是指海外并购过程中标的选择不当、估值过高、定价溢价过高、融资方式选择不当、支付方式选择不当、并购后整合不当等导致的企业海外并购效果达不到预期财务目标的可能性**。财务风险是具有**潜伏—累积—传递—爆发—处置**的过程特征的。比如标的选择不当，其实就埋下了财务风险隐患；融资方式中使用借款过大，杠杆太大，其实也埋下了财务风险隐患。支付方式如果选择全部现金支付，现金流出过大，给企业现金带来巨大压力，严重影响了企业日常业务的支付能力，其实也埋下了财务风险隐患。并购后整合不好，被并购企业财务信息系统与并购方财务信息系统总是不能兼容，并购后财务信息长期存在严重信息不对称，也会埋下财务风险隐患。这些风险，一旦积累到一定程度，条件成熟，就会爆发，给企业带来致命的打击。

本研究最后会根据理论文献分析和深入的案例研究，得出影响和防范企业海外并购财务风险的结论、启示和建议。并会从宏观——国家相关政府监管部门角度和微观——企业角度总结提炼相关结论和建议。

以下，我们围绕企业战略和并购标的的选择、估值与定价、并购项目的融资、对价与支付、并购后的财务整合问题进行文献回顾和基本的理论分析。

第二节　企业战略与中国企业并购标的选择风险

并购的标的选择一直是海外并购实务和金融理论研究关注的问题之一。早期的研究多关注并购目标预测模型的构建。例如，Stevens（1973）的理论模型通过流动性、盈利能力、财务杠杆、营运水平等20个指标衡量被并购目标公司的特征。中国学者在外国学者研究成果的基础上开展了针对中国市场上并购目标预测的研究。李善民和曾昭灶（2003）以中国A股上市公司1999—2001年控制权发生有偿转移为样本，研究了中国控制权转移公司的特征。研究发现，中国被并购企业主要具有如下特征：管理层效率低下、财务资源有限、资产规模相对较小、股权较分散、股权流动性较高、市净率较高。崔学刚和荆新（2006）以1999—2001年中国A股市场发生控制权转移的公司为例，选取营运能力、盈利能力、偿债能力等10个衡量指标，构建了中国标的公司特征预测模型。研究发现，公司业绩越差、资金实力越弱、规模越小、股权越分散、每股净资产越低，越容易发生控制权转移。张金鑫等（2012）以2001—2008年中国A股市场控制权发生转移的上市公司为例研究发现，并购标的公司通常具有高财务杠杆、低偿债能力、盈利能力差、增长乏力、股权分散且股份流动性强等特点。

随着中国并购市场的逐步发展与完善，越来越多的学者关注到行业特征、公司经营方式、并购公司与被并购公司的联系、战略等对并购公司标的选择的影响。例如，李善民和周小春（2007）以2001—2004年的148起相关并购事件以及169起多元化并购事件为例研究发现：相关并购的公司并购前的经营绩效好于多元化并购公司；相关并购的公司并购前的规模大于多元化并购公司；并购前公司多元化状况对公司后续并购类型的选择影响较大，专业化经营公司通常选择相关并购，多元化经营公司会选择多元化并购；国有上市公司更倾向于相关并购。相关并购的公司处在并购前业绩较好的行业，无关多元化并购则处在并购前业绩较差的行业。陈仕华和卢昌崇（2013）以2004—2011年沪深两市A股上市公司发生的并购事件为样本，文章研究发现，与并购方存在董事联结关系的公司更可能成为并购的目标公司；当这种董事联结关系是由内部董事形成时，以及当目标公司与并购方处于不同地域时，与并购方存在董事联结的公司成为目标公司的可能性更大；并购双方的联结董事关系正向调节并购长期绩效。郭建鸾和胡旭（2013）通过对具体情境下中资银行的海外并购的特点进行分析后发现，全球战略、能力获取和资源配置是中资银行海外并购的重要现实原因。不同动因下并购目标的选择也有所不同。例如，在全球战略动因下，中资银行应侧重于并购发达经济体或新兴经济体的小型商业银行；在全球战略、资本配置动因下，中资银行可侧重选择新兴经济体优质大中型商业银行；在全球战略、能力获取和资源配置动因下，中资银行可选取价值低估的全球性银行等。

标的选择风险就是由于标的选择错误给企业未来预期结果带来的不确定性或者带来财务损失或失败的可能性。标的选择错误或者标的不适当其实是海外并购的决策风险，是最大的风险。没有什么损失比决策失误的损失更大。标的如果选择错误，选择失当，后续将浪费大量人力、物力和财力在这个海外并购项目上，还浪费大量的时间和精力，企业付出的代价会非常高昂。

第三节　中国企业并购标的估值与定价及其风险

一　并购目标企业价值评估理论与方法

（一）基于现金流量折现的企业估值方法

企业价值评估理论起源于 Fisher（1906）的财务预算理论。Fisher 系统地阐释了收入和资本的关系，以及资本价值的产生源泉，为现代企业价值评估技术奠定了基础。他指出利率是资本和收入的联结，资本的价值是资本所带来的未来预期收入流量在某一利率下的现值，即资本价值是其未来收入的折现值。此后，他创立了现金流量折现模型（Discounted Cash Flow Approach，DCF），在确定条件下，投资项目的价值是未来预期现金流按照一定利率折现后的现值。

如式（2－1）所示：

$$P = \sum_{t=1}^{n} \frac{CF_t}{(1+r)^t} \qquad (2-1)$$

式（2－1）中：

P——企业的评估价值；

n——企业（资产）的寿命；

CF_t——企业（资产）在 t 时刻产生的预期现金流；

r——预期现金流的折现率。

此后，以 DCF 模型为理论基础，国外学者讨论发展出了一系列企业价值评估模型。Rappaport（1986）提出了自由现金流（Free Cash Flow）折现模型，并通过计算机程序进行了模型估计。一般而言，合理确定贴现率、准确预测目标企业的未来收益和现金流是采用该方法的关键所在。现金流量折现法理论比较成熟，并且充分考虑了企业未来的发展和经营状况，是西方理论界和实务界研究、应用最为广泛的企业价值评估方法，在并购估值中也得到广泛运用。

（二）基于资产成本的企业估值方法

基于资产成本评估的企业估值方法又称为成本法，是一种传统的价值评估方法，这种方法以成本作为基础进行实物资产评估，包含重置成本法、清算价值法和历史成本法等。历史成本法运用企业各种资产的获取成本进行企业价值评估。这种方法在企业资产现值和未来价值估算方面还存在一定的缺陷。重置成本法则以现行成本为基础，通过测算重置成本来评估企业资产的市场价值。其计算方法为：

$$\text{公司价值} = \text{公司净资产价值} = \text{总资产市场成本估计} - \text{负债市场成本估计} \tag{2-2}$$

总体来看，基于资产成本评估的企业估值方法不能准确地反映企业整体资产的盈利能力和持续经营的价值，仅适用于中国企业以获得海外目标企业资产为目的的并购活动。

（三）基于经济增加值（EVA）的企业估值方法

基于财务指标的企业价值评估容易受到盈余管理和会计规则变更的影响，例如会计指标不能反映企业增加值，没有考虑股权资本成本等。美国思腾思特（Stern-Stewart）管理咨询公司于20世纪80年代开发了经济增加值（EVA）模型。该模型以企业利益最大化目标为基础，将经营税后利润与总资本成本差额作为企业增加值，并系统考察了企业的资金成本因素。同时，经济增加值模型进一步强调股权资本的时间价值，比较实际地反映了目标企业对于并购方企业的价值。

（四）基于期权定价的企业估值方法

Fischer Black 和 Myrons Scholes（1973）总结了传统的企业价值评估方法在评估无形资产、人力资源价值和技术实力等方面的不足和缺陷，并提出了 Black-Scholes 期权定价模型。期权定价模型后经不断发展完善产生了基于期权定价的企业价值评估方法。实物期权定价模型逐渐被用于并购时企业价值的评估。并购期权定价法将目标企业的总价值（V）划分成两部分：一部分是基于传统贴现现金流或未来现金流的企业现值（V_1）；另一部分则是未来企业的实物期权价值（V_2）。该估值方法主要用来评估风险投资企业的价值。

企业估值方法见式（2－3）：

$$V = V_a + V_0 \qquad (2-3)$$

式（2－3）中：

V——企业价值；

V_a——企业资产的折现价值；

V_0——所有增长期权的折现值。

田增润（2013）认为，企业价值评估是指把企业作为一个有机整体，以整体盈利能力作为依据，对企业获利能力的各项因素进行充分考虑，对企业的价值进行的综合性评估。企业价值评估包含对有形资产和无形资产的评估，且不是所有单项资产的简单累加。伴随并购活动的扩展，并购中目标企业的估值方法更加复杂。谢发琴（2009）讨论了战略并购条件下目标企业的估值问题，将目标企业的价值分为现有业务价值和战略并购协同价值两个部分。表 2－1 系统总结了企业价值评估的不同方法及其优劣。

表 2－1　　企业价值评估方法比较

估值方法	优点	缺点	适用情形
现金流折现法	考虑未来现金流价值	未来现金流的预测和贴现率的确定主观性较强	可持续经营的目标企业
成本法	数据获取容易，计算简单，客观性强	考虑无形资产与未来现金流的价值，容易低估	资产收购行为
经济增加值法	考虑资本成本，不受盈余管理的影响	缺乏长期价值的考核	股东价值最大化考虑
期权法	考虑无形资产与未来收益的价值	计算复杂，容易高估	风险投资企业评估

二　海外并购的协同效应测度理论与方法

20 世纪 60 年代，美国学者 H. 伊戈尔·安索夫（H. Igor. Ansoff）首次提出协同效应概念，认为企业并购的动因在于通过并购可以获得某种协同效应，即 1＋1＞2。这种协同效应主要通过**管理协同、经营协同和财务协同**等方面得以实现。并购溢价反映了企业对未来协同效应的预期。海外并购协同效应的测度可以使用 Copeland，Koller and Murrin（2002）的两阶段折现法。并购协同效应净现值估计模型如下所示。

$$V_{SYN} = \sum_{t=1}^{x} \frac{\Delta FCFF_t}{(1+WACC)^t} = \sum_{t=1}^{m} \frac{\Delta FCFF_t}{(1+WACC)^t} + \frac{\frac{\Delta FACC_m \times (1+g)}{WACC-g}}{(1+WACC)^m} \tag{2-4}$$

式（2－4）中：

V_{SYN}——并购后带来的协同效应值；

$\Delta FCFF_t$——并购后第 t 年带来的自由现金流增量；

$WACC$——贴现率，一般使用企业资本加权平均成本代表；

x——并购后主并企业的寿命；

m——第一阶段预测期长度，表示并购后整合所需时间；

g——并购后第二阶段由协同效应带来的企业自由现金流增量长期可持续增长率。

三 海外并购的博弈定价理论与方法

一般来讲，海外并购中的交易价格是通过并购双方的谈判博弈达成的。因此，并购定价实际上也是并购双方博弈的过程。在并购定价谈判过程中，双方各自获取信息的能力有限，处于信息不对称的状态。因此，并购价格谈判过程属于不完全信息下的动态博弈过程。在对目标企业价值和并购协同效应进行评估后，主并企业可以给出初始报价，然后与目标方就最后交易价格进行谈判。海外并购定价过程的讨价还价是一个动态博弈的过程。双方每多进行一个回合的博弈，谈判费用、竞争选手的加入以及汇率变化等因素会使双方的并购成本增加。即随着讨价还价次数的增加，双方的收益都会打个折扣。

四 海外并购的估值与定价风险

海外并购的估值与定价风险是由于对海外并购标的的估值过高或者定价过高给企业未来带来的财务损失或者达不到财务预期目标的可能性。被并购方总是希望价格卖高点，而且基本都希望尽快拿到现金。商场有句俗语“没有卖亏的，只有买亏的”，说的其实就是对买卖标的信息的了解，卖方总是比买方更了解，也就是对并购标的资产的信息，卖方总是比买方了解得多。这样天然就形成了买卖双方，也就是并购方和被并购方之间的信息不对称。被并购方一定会利用自己的信息优势，尽量要求更高的估值，要更高的价格。如果并购方做的功课不够，可能就会吃亏。因此，海外并购的估值与定价风险是中国企业海外并购财务风险中最关键最核心的风险之一。

第四节　中国企业海外并购融资与支付及风险

根据国外学者（Moeller 等，2004；Martynova 和 Renneboog，2011）的研究发现，信息不对称往往导致投资者缺乏对并购方实际价值的了解。因此，股权融资会向市场释放错误的信号，造成股价的下跌，损害现有股东利益。因而，市场往往对股权融资持消极态度。而贷款等债务融资方式常被投资者认为是好的信号，也会为并购方带来显著为正的超常收益（Billett，Matthew T. 等，1995）。不仅如此，债务融资还可以获得利息抵税的效应，减少融资成本。国内学者的研究结果表明，在并购对价一定的情况下，采用股权融资会提升并购方的绩效，而债务融资会降低绩效，对股东财富产生消极影响（翟进步等，2011）。赵宇龙和王志台（1999）认为中国资本市场处于弱势有效状态，证券市场存在“功能锁定”的现象。Martynova 和 Renneboog（2009）通过研究 1993—2001 年欧洲公司的并购案例，发现并购融资方式的顺序与优序融资理论基本一致。并购企业会优先考虑内生资金，再考虑外部融资。

Netter 等（2011）通过研究 1992—2009 年的并购案例发现，在所有的并购案中，现金支付一直是企业并购最主要的支付方式，并且呈现一个逐年上涨的趋势。与该研究结论相似，刘淑莲（2010）以 1998—2008 年并购案例为样本研究发现，采用现金支付方式的并购案例达到 90% 以上。Hansen（1987）认为并购方的股价被低估时，更愿意采用现金支付方式，以此来分担风险。当并购方的股价被高估时更愿意接受股权支付方式，以此来降低并购成本。理论上，采用现金支付，并购完成后标的企业的控制权直接转移给并购方，标的公司股东不需要承担信息不对称造成的股价偏差风险。如果采用股票支付，标的公司的股东通过股权互换成为收购方的股东，将与收购方一起承担股票价格偏离的风险。

根据控制权理论，由于股份支付会稀释公司控制权，并购方通常不愿意使用股份进行融资支付。管理层的权力越大，越不愿意采用股份进行支付（Hansen，1987；Martin，1996）。Martin（1996）的研究也发现在并购对价方式的选择中，管理层的权力越大，越偏好采用现金对价方式。Faccio 和 Masulis（2005），Martynova 和 Renneboog（2009）的研究表明，当并购方的终极控股权在20%—60%的范围内时，并购方更愿意采用现金对价方式。从理论上来看，为了避免并购后的股权稀释，并购方管理层通常偏好现金的并购支付方式。国内学者的研究也得出相同的结论。苏文兵等（2009）通过研究 1998—2007 年中国沪深股市的并购案例，发现并购方控股股东持股比例为 30%—60% 时，并购方更愿意采用现金支付。李双燕和汪晓宇（2012）的研究发现，“一股独大”是中国 A 股上市公司的普遍现象，在并购时，控股股东倾向于支付现金以保护自己的控制权。

海外并购融资与支付风险是当并购交易价格确定后，主并方需要根据融资成本和融资需要时间和资本结构等因素选择融资（因为海外并购金额一般比较大）方式和具体支付方式而导致的企业财务失败或达不到预期财务目标的可能性。融资方式极大可能选择银行或者银团贷款或者发行债券，这会增加企业的负债率，提高企业财务杠杆，增加企业财务风险。即使有的企业采用私募股权，或者采用结构化权益融资结构设计，也是有类似债权的优先股或者优先级的权益部分，这些有类似增加债务杠杆的问题，需要后续化解和拆除，否则也会增加企业的财务风险。支付方式选择也是非常重要的风险源，因为海外并购大多数情况下是海外的卖方都紧急需要现金，需要并购方现金支付，这样压迫并购方不得不采用现金支付的方式，但现金支付又大大提高了企业短期流动资金紧张的程度，处理不好，会导致企业资金链断裂乃至破产的重大风险。

第五节　中国企业海外并购后财务整合风险

整合就是将企业的不同资源集中起来实现优化利用，帮助企业提高市场竞争力，优化资源配置，提高资源利用效率。结合海外并购，整合有助于企业更好地利用国内外优质资源，分享企业间经验，发挥协同效应，帮助企业提高管理水平，提升企业价值，实现共同发展。财务整合是指对被收购企业的财务管理制度、会计制度、绩效考核评价制度、财务目标、财务资源和会计制度进行系统整合、监督和管理，实现企业的科学运作和高度配合，以便双方的财务数据得到充分的交流和使用。

并购整合模式和方法根据并购双方的财务体制变化情况可以分为三种：留存型、转移型和融合型。留存型适用于并购双方都具有较为健全的财务体系，同时双方的业务关联度比较低的情况。实现并购之后，并购方和被并购方的财务体系可以大体保持原样，在合理范围内保持一定的独立性。不过这种独立性的前提是并购方可以持续通过其他方式对被并购方实施财务监督和管控，比如委派财务总监或财务负责人。转移型是指抹去被并购方的财务体系并以并购方的财务体系取而代之。转移型适用于并购方拥有具有强大优势的财务体系，而被并购方的财务体系比较薄弱，存在严重不足的情况。基本上，如果一个企业在同一时间段内完成对数家企业的并购，出于增强财务整合速度的考虑，会选择这种转移型模式。融合型模式基本上出现于垂直海外并购情景下。在这种情况下，并购各方拥有相对健全的财务运作体系，可以最大程度发挥自身优势，互相帮助，取长补短，融合并形成新型的财务体系。融合型的主要优点在于，合并双方的财务体系可以相互补充，发挥各自优势，并且减少转移过快造成的负面影响。在并购后的整合过程中，并购企业应了解自身及其标的公司的财务和会计信息系统的状态和水平，认真研究和讨论选择最合理的财务整合方法，以尽量降低整合风险。

并购后整合风险是由于并购后整合不好，导致被并购企业无法与并购方达成协同，无法发挥协同效应和规模效应，从而无法达到预计的并购财务目标。并购后整合的好坏，是海外并购后能否产生协同效应的关键。既要业务协同，又要管理协同和财务协同。海外并购由于被并购企业往往与并购方企业在历史文化乃至价值观等多方面存在较大差异，人力资源整合和文化整合是关键。整合不好，不仅不能达到预想的协同效应，还会造成混乱，甚至引起内斗，给企业带来内耗，从而导致企业陷入财务困境。

第三章　中国企业海外并购的描述性统计分析

第一节　中国企业海外并购基本情况概览——基于已有研究报告

自“十一五”首次提出“走出去”战略以来，中国企业海外并购数量快速增长。相关数据的统计显示，2017 年中国并购市场共完成 4255 起海外并购，其中披露金额的有 2787 起，披露交易总金额约 3250 亿美元，相比 2016 年总金额有所下滑。截至 2018 年 8 月 31 日，当年中国企业海外并购交易总额达 2329 亿美元，平均交易对价较去年同期同比增长 31%。自 2001 年国家“走出去”战略提出以来，越来越多的中国企业走出国门，成为海外并购市场的主要参与者。2013 年，习近平主席提出的“一带一路”构想更是加快了中国企业“走出去”的步伐。然而，中国企业实施海外并购也面临诸多财务风险。为了更好地了解中国企业海外并购现状，本章将基于普华永道、德勤管理咨询、胡润跨境并购报告榜等公开调研报告以及 Thomson Financial SDC Platinum Database 数据库的数据，对中国企业海外并购情况进行一个描述性统计分析。

本章安排如下：第一节根据德勤管理咨询、普华永道、胡润跨境并购报告等公开调研报告对最近几年中国企业海外并购做一整体分析；第二节根据 Thomson Financial SDC Platinum Database 数据库对 2007—2018 年中国企业海外并购进行系统性分析和描述；第三节对 A 股上市公司海外并购交易规模及溢价情况进行分析；第四节对中国企业海外并购风险原因进行深入分析；第五节则结合具体案例探讨如何降低中国企业海外并购风险。

一　2018 年中国企业海外并购描述性分析

根据 2019 年胡润携手易界 Deal Globe 发布的《2019 胡润中国跨境并购百强榜》（Hurun China Cross-Border M&A Report 2019），笔者对 2018 年中国企业海外并购情况概述如下。从交易数量来看，2018 年，中国企业海外并购交易数量为 323 起，总体交易金额为 7380 亿人民币，较去年同期下降 23%。其中，交易金额前 50 强的交易金额为 5600 亿人民币，较 2017 年和 2016 年分别下降 30% 和 53%。从收购主体特性来看，50 强中，企业投资者占据六成，机构投资者占据四成。从收购主体的所有权性质来看，民营企业是中国海外并购的主力军。50 强中，民营企业交易数量和交易金额占比分别为 72% 和 53%。从并购行业来看，能源业和采掘业依旧占据主要地位。TMT 行业、半导体和生物科技等行业也逐渐成为中国企业海外并购的热点行业。从并购地区来看，2018 年中国跨境并购 50 强交易最集中的国家是美国，占了 4 笔，但比上一年减少 6 笔；其次是德国、加拿大、瑞士、新加坡和英国，各有 3 笔进入 50 强。阿联酋、韩国、葡萄牙、西班牙和新西兰新进前十。中国香港、意大利、印度和印度尼西亚跌出前十。

表 3 - 1　　2018 年中国企业海外并购标的所在国家变动情况

排名变化	国家/地区	交易数量（较上一年增减）
1 –	美国	4（-6）
2 ↑	德国	3（0）
2 ↑	加拿大	3（+1）
2 ↑	瑞士	3（+1）
2 –	新加坡	3（-3）
2 ↑	英国	3（+2）
7*	阿拉伯联合酋长国	2（+2）
7 ↑	澳大利亚	2（+1）
7 ↓	巴西	2（-1）
7 ↑	法国	2（+1）
7*	韩国	2（+2）
7*	葡萄牙	2（+2）
7*	西班牙	2（+2）
7*	新西兰	2（+2）

注：↑表示排名比去年上升，↓表示排名比去年下降，–表示排名与去年相同，*表示对比去年新进前十。

资料来源：易界 Deal Globe、Merger Market。

二　中国企业海外并购地区和行业

从中国企业海外并购的地区来看，欧洲和北美等发达地区仍旧是中国企业海外并购的热点地区。获取西欧和北美国家的先进科技和完善的公司治理结构依旧是中国企业海外并购的主要目的。亚洲地区如印度、以色列等新兴市场也逐渐获得中国投资者的青睐。复星医药并购印度医药企业 Gland Phanma Limited、沙隆达并购以色列农化企业安道麦就是很好的例证（如图 3 - 1 所示）。此外，随着 2013 年“一带一路”倡议的提出，中国企业在“一带一路”沿线国家的投资也逐渐增多（如图 3 - 2 所示）。

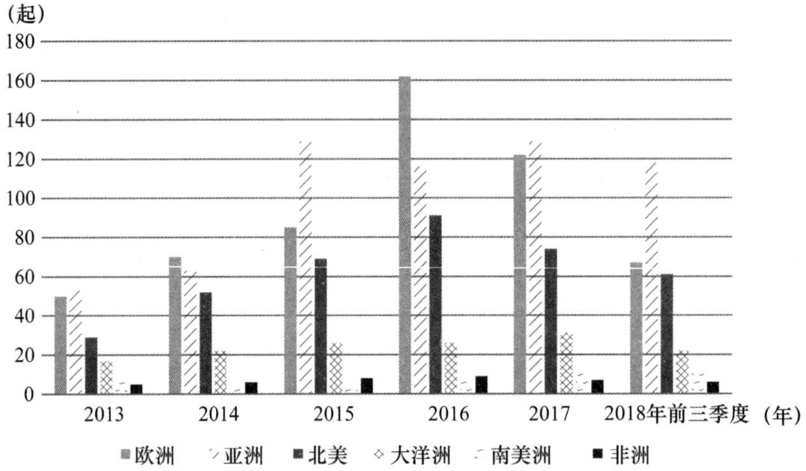

图3－1　2013—2018年中国企业海外并购地区分布

资料来源：德勤中国A股上市公司调研问卷。

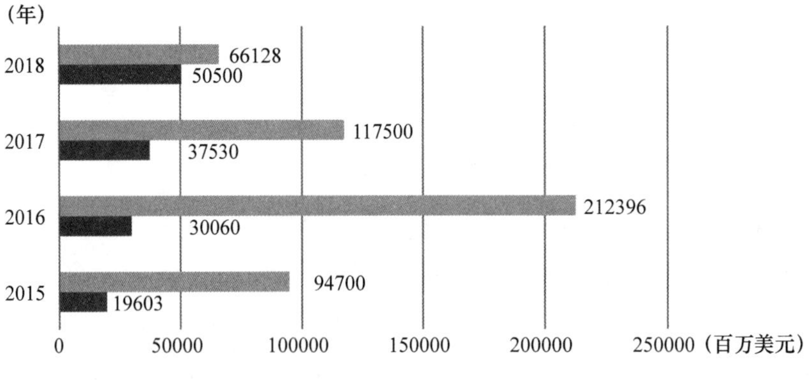

图3－2　2015—2018年中国企业在“一带一路”地区和非“一带一路”地区并购交易比较

资料来源：路孚特2018中国大陆并购年度报告。

从并购标的的行业分布来看，近年来 TMT、金融、文体娱乐等行业成为中国企业海外并购的热点行业。根据胡润中国企业跨境并购特别报告，近年来中国企业海外并购十大热点行业分别为制造业、金融服务、能源、计算机、文化娱乐、消费、汽车零配件、半导体、传媒和医疗健康。

三　中国企业海外并购动因分析

并购动因可以分为经济动因、人才动机和战略动机三类。图3－3、图3－4和图3－5分企业类型显示了中国企业海外并购的动因考量。由此可知，获取资源、人才、技术和品牌及进军新的市场是中国企业海外并购考虑的主要因素。所有权性质的差异亦会影响企业海外并购动因。国有企业担负着维护社会稳定、改善民生等政策性任务，因而国有企业在海外并购政策制定中会着重考虑贯彻国家战略政策这一因素。民营企业在海外并购政策制定中则存在较强的“同伴效应”。而中外合资企业则因已经占据两个市场的渠道优势，对新兴市场的关注度较低。总体而言，获取关键性战略资源、汲取先进技术、开拓海外市场和完成政策性任务则是中国企业海外并购的主要动因。

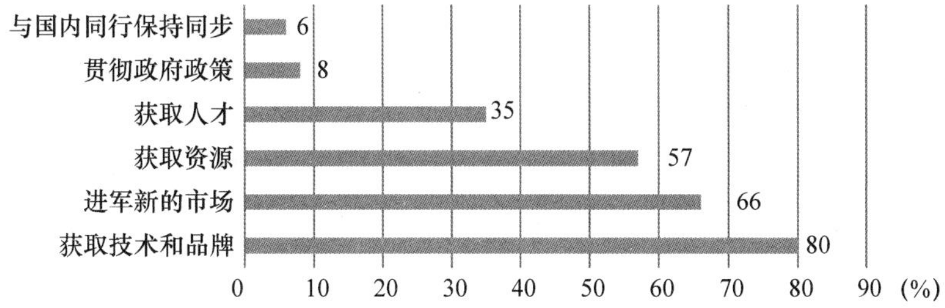

图3－3　民营企业并购动因

资料来源：德勤中国A股上市公司调查问卷。

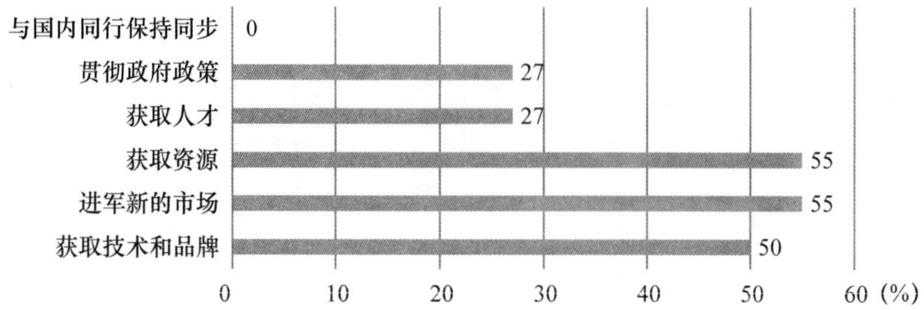

图 3-4 国有企业并购动因

资料来源：德勤中国 A 股上市公司调查问卷。

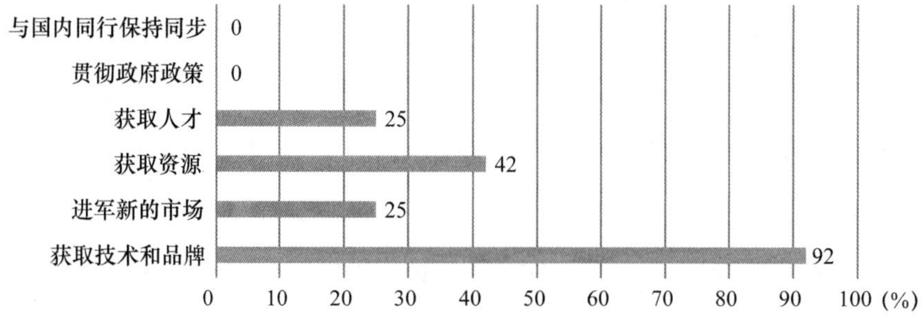

图 3-5 中外合资企业并购动因

资料来源：德勤中国 A 股上市公司调查问卷。

四　中国企业海外并购主要考虑因素分析

并购完成难度和并购后预期的协同效应是企业海外并购决策考虑的主要因素。政治环境、经济投资政策不确定、国家间外交关系、文化差异和政府治理效率等宏观因素均会影响企业海外并购政策的制定。根据 2019 年德勤发布的《中国上市公司海外并购实现挑战研究报告》，上市公司在实行海外并购时通常存在以下九个方面的顾虑：民族宗教、对华态度、劳动力素质、社会治安、政府信用、收益率、经济波动、当地投资的相关政策制度以及政治环境。由图3-6可知，政治环境好坏（政治环境）、外商投资政策（当地投资的相关政策制度）和经济环境不确定性（经济波动）是中国企业海外并购避险的主要考虑因素。

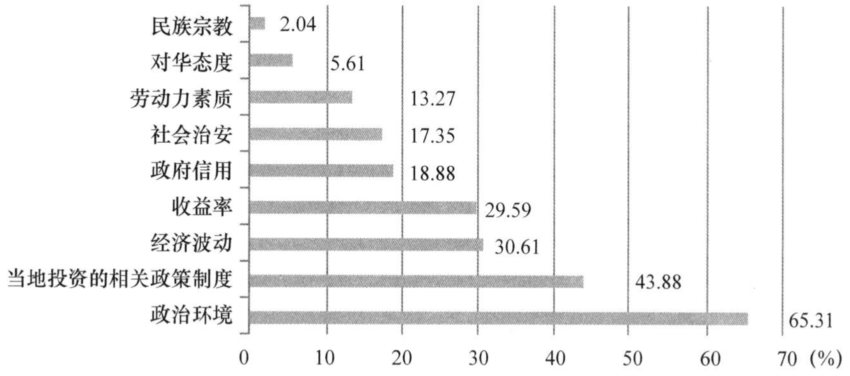

图3-6 中国企业海外并购的主要顾虑

资料来源：德勤中国A股上市公司调查问卷。

第二节 中国A股上市公司海外并购基本情况——基于SDC数据

一 数据来源及全样本的年度分布情况

本章所使用的数据主要来源于Thomson Financial SDC Platinum Database。该数据库由汤森路透团队开发，涵盖了新股发行、私募股权、全球并购和银团贷款等多种信息。

基于Thomson Financial SDC Platinum Database已有信息并参考上市公司并购公告，我们筛选出2007—2018年共计912起A股上市公司并购事件。剔除年份信息缺失及部分未成功并购交易，得到本次分析的样本789个，其具体的年度分布见表3-2。

表 3－2　2007—2018 年中国 A 股上市公司海外并购年度分布情况

年份	并购发生数（起）	占比（%）
2007	19	2.4
2008	18	2.3
2009	23	2.9
2010	25	3.2
2011	30	3.8
2012	31	3.9
2013	75	9.5
2014	73	9.2
2015	164	20.8
2016	156	19.8
2017	107	13.6
2018	68	8.6
合计	789	100

资料来源：根据 Thomson Financial SDC Platinum Database 已有信息并参考上市公司并购公告整理所得。

2007—2018 年，中国 A 股上市公司海外并购逐年增加，在 2015 年达到顶峰（如图 3－7 所示）。2015 年 A 股上市公司海外并购高达 164 起，是 2007 年的 8 倍。受国际经济形势影响，2016 年后中国企业海外并购数量有轻微下滑，但截至 2018 年 A 股上市公司海外并购仍有 68 起，整体依然处于高位。海外并购已成为中国企业“走出去”和参与国际市场竞争的重要途径。研究中国公司的海外并购事件，无疑具有现实意义。

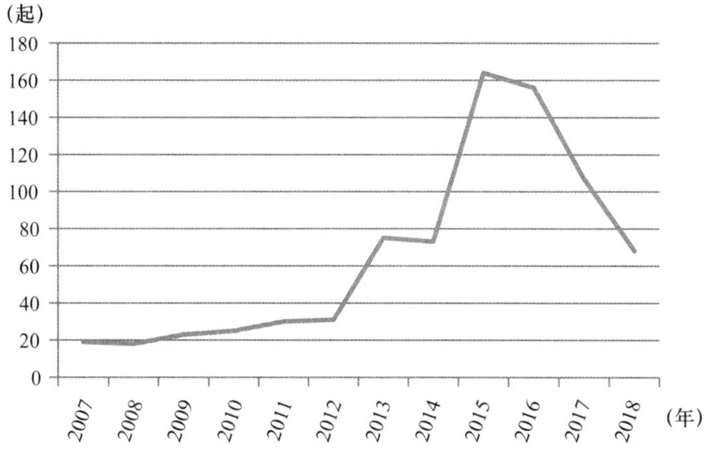

图3－7　2007—2018年中国A股上市公司海外并购统计情况

资料来源：根据 Thomson Financial SDC Platinum Database 已有信息并参考上市公司并购公告整理所得。

二　中国A股上市公司海外并购的地区分布情况

表3－3总结了中国海外并购的主要地区分布。中国A股上市公司并购标的主要集中在西欧、北美、澳洲等发达地区以及北亚、东南亚、东欧等中国临近地区。

表3－3　　2007—2018年中国A股上市公司海外并购地区分布情况

标的地区	并购发生数（起）	占比（%）
西欧	239	30.3
北美	168	21.3
北亚	139	17.6
澳洲	59	7.5
东南亚	49	6.2
东欧	34	4.3

续表

标的地区	并购发生数（起）	占比（%）
南美	29	3.7
日本	27	3.4
中东	14	1.8
撒哈拉以南的非洲	14	1.8
南亚	5	0.6
中亚	5	0.6
北非	3	0.4

资料来源：根据 Thomson Financial SDC Platinum Database 已有信息并参考上市公司并购公告整理所得。

从表 3-3 可以看出，西欧是中国 A 股上市公司海外并购首选区域，2007—2018 年共有 239 起并购标的在西欧，占总并购数的 30% 以上。北亚和北美地区也是中国企业海外并购的主要地区。

表 3-4 总结了中国 A 股上市公司海外并购前十大标的国家或地区情况。

表 3-4　**中国 A 股上市公司海外并购前十大标的国家或地区**

标的国家或地区	并购发生数（起）	占比（%）
美国	131	16.6
中国香港	115	14.6
德国	76	9.6
澳大利亚	50	6.4
英国	38	4.8
加拿大	37	4.7
意大利	33	4.2
日本	27	3.4
新加坡	24	3.0

续表

标的国家或地区	并购发生数（起）	占比（%）
法国	21	2.7
其他国家或地区	237	30
合计	789	100

资料来源：根据 Thomson Financial SDC Platinum Database 已有信息并参考上市公司并购公告整理所得。

三　中国 A 股上市公司海外并购的行业分布情况

本章采用的 Thomson Financial SDC Platinum Database 数据库按照自有的标准进行行业分类。表 3 -5 展示了 2007—2018 年中国 A 股上市公司海外并购行业分布情况。

表 3 -5　2007—2018 年中国 A 股上市公司海外并购行业分布情况

序号	标的所属行业	并购发生数（起）	占比（%）
1	金融保险业	88	11.2
2	采掘业	79	10.0
3	机械制造业	57	7.2
4	建筑业	42	5.3
5	电子设备制造业	40	5.1
6	汽车制造业	37	4.7
7	其他制造业	34	4.3
8	半导体	30	3.8
9	石油天然气	30	3.8
10	能源业	27	3.4
11	软件服务业	27	3.4
12	交通运输业	26	3.3
13	零售业	26	3.3

续表

序号	标的所属行业	并购发生数（起）	占比（%）
14	食品业	26	3.3
15	制药业	22	2.8
16	医疗设备制造业	19	2.4
17	专业服务业	19	2.4
18	化工业	18	2.3
19	纺织服装业	17	2.2
20	生物科技业	12	1.5
21	其他行业	113	14.3
合计		789	100

资料来源：根据 Thomson Financial SDC Platinum Database 已有信息并参考上市公司并购公告整理所得。

2007—2018 年，中国 A 股上市公司海外并购行业相对分散。其中金融保险业占比最大，有 88 起，占比为 11.2%；其次是采掘业，有 79 起，占比为 10%；第三是机械制造业，有 57 起，占比为 7.2%。整体看，被并购企业中，以制造业居多，其次是能源行业和服务业。

四　中国 A 股上市公司海外并购交易特征统计

表 3－6 和表 3－7 分别统计了 2008—2018 年中国 A 股上市公司海外并购聘请财务顾问的年度和行业分布情况。因数据缺失，披露海外并购财务顾问聘请情况的样本为 312 个。其中，有 124 起海外并购聘请了财务顾问，占比约为 40%。金融保险业、制造业以及采掘业等更倾向于聘请财务顾问。其中所占比例的算法为各年份（或行业）聘请财务顾问的海外并购数量比各年份（或行业）

披露聘请财务顾问情况的海外并购数量。

表3-6　2008—2018年中国A股上市公司海外并购聘请财务顾问年度分布情况

年份	聘请财务顾问数量（个）	披露聘请财务顾问情况的总数量（个）	占比（%）
2008	2	6	33
2009	7	12	58
2010	4	10	40
2011	2	8	25
2012	5	17	29
2013	16	32	50
2014	18	31	58
2015	26	57	46
2016	27	73	37
2017	10	43	23
2018	7	23	30
合计	124	312	40

资料来源：根据Thomson Financial SDC Platinum Database已有信息并参考上市公司并购公告整理所得。

表3-7　2008—2018年中国A股上市公司海外并购聘请财务顾问行业分布情况

标的所属行业	聘请财务顾问数量（个）	披露聘请财务顾问情况的总数量（个）	占比（%）
专业服务业	3	4	75
个人用品制造业	1	1	100
交通运输业	7	12	58
休闲娱乐业	2	6	33
住宿餐饮业	1	3	33
信息技术业	2	3	67
其他制造业	6	11	55

续表

标的所属行业	聘请财务顾问数量（个）	披露聘请财务顾问情况的总数量（个）	占比（%）
农林牧副渔业	1	1	100
包装制造业	1	10	10
化工业	3	5	60
医疗服务业	1	3	33
医疗设备业	4	12	33
半导体	3	12	25
建筑业	6	17	38
影视制造业	4	6	67
房地产业	1	4	25
机械制造业	12	30	40
汽车制造业	4	19	21
生物科技业	1	6	17
电子设备制造业	8	16	50
石油天然气	3	9	33
服装纺织业	2	8	25
能源业	4	6	67
通信业	4	8	50
造纸业	1	1	100
采掘业	12	39	31
金融保险业	23	42	55
零售业	1	10	10
食品业	3	8	38
合计	124	312	40

资料来源：根据 Thomson Financial SDC Platinum Database 已有信息并参考上市公司并购公告整理所得。

表3－8和表3－9统计了中国A股上市公司海外并购的融资来

源。因数据缺失，披露融资来源的样本数仅为 74 个。由表 3－8 可知，债务融资和内部自有资金融资是中国 A 股上市公司海外并购的主要融资渠道。中国企业海外并购较少使用股权融资。由表 3－9 可知，三种海外并购融资渠道的行业分布较为均匀。

表 3－8　　2008—2018 年中国 A 股上市公司海外并购融资方式统计

	债务融资	股权融资	内部自有资金融资
频数（起）	28	11	35
频率	37.83	14.86	47.31

资料来源：根据 Thomson Financial SDC Platinum Database 已有信息并参考上市公司并购公告整理所得。

表 3－9　　2008—2018 年中国 A 股上市公司海外并购融资方式行业分布统计

单位：起

行业	债务融资	股权融资	内部自有资金融资
专业服务业	1	0	1
交通运输业	3	0	3
信息技术服务业	0	1	0
其他制造业	1	1	3
农林牧副渔业	1	0	1
化工业	0	1	0
医疗设备制造业	0	1	0
半导体业	3	0	2
建筑业	0	1	2
影视制造业	0	0	1
旅游业	0	0	1
机械制造业	2	2	2
汽车制造业	1	1	1
生物科技业	0	0	1

续表

行业	债务融资	股权融资	内部自有资金融资
电子设备制造业	1	0	2
石油天然气	1	0	1
纺织服装业	2	0	2
能源业	2	0	0
软件服务业	1	1	1
造纸业	0	1	1
采掘业	6	0	8
金融保险业	1	0	2
零售业	1	0	0
食品业	1	1	0
合计	28	11	35

资料来源：根据 Thomson Financial SDC Platinum Database 已有信息并参考上市公司并购公告整理所得。

五　中国 A 股上市公司海外并购完成情况统计

表 3 - 10 总结了 2007—2018 年中国 A 股上市公司海外并购失败交易的行业分布情况。由此可知，2007—2018 年交易未完成样本共计 122 个，主要分布在采掘业、金融保险业、半导体业、汽车制造业等敏感行业。这表明，政府阻挠仍旧是中国企业海外并购失败的主要原因之一。

表 3 - 10　　2007—2018 年中国 A 股上市公司海外并购失败交易行业分布情况

单位：起

标的所属行业	交易未完成数量
专业服务业	3
交通运输业	3
休闲娱乐业	1

续表

标的所属行业	交易未完成数量
住宿餐饮业	1
信息技术服务业	4
其他制造业	3
公共服务业	1
农林牧副渔业	3
制药业	4
包装制造业	1
化工业	1
医疗服务业	1
医疗设备制造业	3
半导体业	6
建筑业	7
影视制造业	3
房地产业	3
机械制造业	5
汽车制造业	6
生物科技业	2
电子设备制造业	6
石油天然气	3
纺织服装业	3
能源业	5
软件服务业	4
通信业	5
采掘业	13
金融保险业	17
零售业	1
食品业	4
合计	122

资料来源：根据 Thomson Financial SDC Platinum Database 已有信息并参考上市公司并购公告整理所得。

第三节　中国 A 股上市公司海外并购交易规模及溢价情况分析

一　中国 A 股上市公司海外并购规模及溢价整体情况

表 3－11 统计了 2007—2018 年中国 A 股上市公司海外并购规模及溢价情况。因数据缺失，789 个样本中有交易金额的样本为 556 个，提供了并购前一天溢价数的样本为 89 个，并购前一周溢价数的样本为 90 个，并购前一月溢价数的样本为 90 个。并购溢价的计算方法如下：（每股交易价格－并购宣告日前某一基准日收盘价格）/并购宣告日前某一基准日收盘价格。

表 3－11　　2007—2018 年中国 A 股上市公司海外并购规模及溢价情况

变量名称	均值	方差	最小值	中位数	最大值	样本量（个）
交易金额（百万美元）	308.30	1114	0.01	33.31	16000	556
并购前一天溢价	10.98	38.77	－67.40	6.17	143.80	89
并购前一周溢价	13.14	39.55	－66.48	6.68	160	90
并购前一月溢价	20.89	42.43	－71.33	17.36	135.30	90

资料来源：根据 Thomson Financial SDC Platinum Database 已有信息并参考上市公司并购公告整理所得。

整体来看，海外并购的规模较大，均值高达 3.083 亿美元，中位数亦达到 0.333 亿美元，最大值更是高达 160 亿美元。从溢价情况看，并购前一天、前一周和前一月的溢价率均值分别为 10.98%、13.14% 和 20.89%；相应的最大值更是高达 143.80%、

160%与135.3%；多数项目处于溢价收购状态，且交易金额加大，需要在并购全过程加强风险的防控。

二　中国A股上市公司海外并购规模分析

为进一步分析中国A股上市公司海外并购资金规模的分布情况，为后续并购活动提供可资借鉴的资料，本节进一步将并购样本按并购资金规模分为两类，其中并购资金大于中位数的项目谓之“大规模”并购，并购资金小于等于中位数的项目谓之“小规模”并购，然后考察不同地区以及不同行业通常适用的并购资金规模。

（一）并购规模的地区差异

表3-12统计了2007—2018年中国A股上市公司海外并购规模的地区差异，556次并购活动的规模大小不一，在不同地区的分布也存在差异。

表3-12　2007—2018年中国A股上市公司海外并购规模的地区差异　　单位：次

标的所在地区	不同规模合并的发生数		
	大规模	小规模	合计
西欧	76	68	144
北美	61	58	119
北亚	54	65	119
澳洲	15	28	43
东南亚	14	20	34
日本	6	16	22
南美	13	8	21
东欧	15	5	20
中东	7	4	11
撒哈拉以南的非洲	8	2	10
中亚	4	1	5
北非	2	1	3

续表

标的所在地区	不同规模合并的发生数		
	大规模	小规模	合计
南亚	1	1	2
中美	1	1	2
加勒比海地区	1	0	1
合计	278	278	556

资料来源：根据 Thomson Financial SDC Platinum Database 已有信息并参考上市公司并购公告整理所得。

大规模并购主要集中在西欧、北美等地区，而小规模并购主要集中在北亚、澳洲和东南亚等地区。不同规模的并购，其特征和风险均有所不同，在收购兼并的过程中要注意各自的特点和地区的制度风俗，力争将风险降到可控范围。

（二）并购规模的行业差异

不同的行业亦有其不同的特点，需要不同的资金规模予以配合，表 3 – 13 显示了 2007—2018 年中国 A 股上市公司海外并购规模的行业差异情况。

表 3 – 13　2007—2018 年中国 A 股上市公司海外并购规模的行业差异　　单位：次

标的所属行业	不同规模并购的发生数		
	大规模	小规模	合计
金融保险业	47	25	72
采掘业	38	26	64
机械制造业	13	26	39
电子设备制造业	11	21	32
汽车制造业	15	12	27
建筑业	13	11	24
半导体业	7	15	22

续表

标的所属行业	不同规模并购的发生数		
	大规模	小规模	合计
其他制造业	13	7	20
零售业	6	13	19
软件服务业	9	10	19
石油天然气	16	3	19
制药业	11	7	18
能源业	6	11	17
交通运输业	11	5	16
食品业	6	9	15
医疗设备制造业	7	8	15
化工业	7	6	13
其他行业	42	63	105
合计	278	278	556

资料来源：根据 Thomson Financial SDC Platinum Database 已有信息并参考上市公司并购公告整理所得。

由表3－13可知，金融保险业、采掘业、汽车制造业以及石油天然气等行业通常是资本密集型行业，相应的并购规模也较大。电子设备制造业和半导体业等行业则以小规模多次收购为主。对大规模的并购活动，要注意资金安全及后续的保障性供给，而对于小规模多项次的并购活动要注意收购事项是否能带来资金的保值增值。

三　中国A股上市公司海外并购溢价情况分析

为进一步分析中国A股上市公司海外并购溢价情况，为后续并购活动提供可资借鉴的资料，本节进一步将并购样本按并购价格情况分为两类。其中并购前一月溢价大于零的项目谓之“溢价”并购，并购前一月溢价小于等于零的项目谓之“非溢价”并购，然后考察不同地区以及不同行业的并购溢价情况及其风险。

（一）并购溢价的地区差异

表3－14统计了2007—2018年中国A股上市公司海外并购溢价的地区差异，90次并购活动中既有溢价项目，也有非溢价项目，它们在不同地区的分布存在差异。

表3－14　2007—2018年中国A股上市公司海外并购溢价的地区差异　单位：次

标的所在地区	溢价与非溢价交易的发生数		
	溢价	非溢价	合计
北亚	16	18	34
北美	19	3	22
澳洲	13	3	16
东南亚	5	3	8
西欧	5	0	5
日本	1	3	4
南美	1	0	1
合计	60	30	90

资料来源：根据Thomson Financial SDC Platinum Database已有信息并参考上市公司并购公告整理所得。

可以看到，溢价并购主要集中在北美、澳洲等地区，而非溢价并购主要集中在北亚和日本等地区。溢价兼并，是预期被并购企业未来会有较高的收益，因而收购价格高于其股票价格，但这种预期存在不确定性，因此会给并购方带来风险。而非溢价收购是预期被并购企业收益较差，因而收购价格低于其股票价格。并购方只有通过并购整合消除标的企业的不良影响，发挥其可能的正向作用。这也存在一定的不确定性风险，因而后续收购兼并活动要有针对性的应对措施。

（二）并购溢价的行业差异

不同的行业亦需要不同的资金规模予以配合，在收购定价方面也有不同的特点。表3－15显示了2007—2018年中国A股上市公司海外并购溢价的行业差异情况。

表3－15　2007—2018年中国A股上市公司海外并购溢价的行业差异　单位：次

标的所属行业	溢价与非溢价交易的发生数		
	溢价	非溢价	合计
采掘业	20	3	23
金融保险业	11	3	14
电子设备制造业	3	3	6
半导体业	3	1	4
影视制造业	0	4	4
制药业	2	2	4
纺织服装业	0	3	3
交通运输业	2	1	3
其他制造业	0	3	3
生物科技业	2	1	3
医疗设备制造业	2	1	3
房地产业	0	2	2
个人用品制造业	2	0	2
零售业	1	1	2
食品业	1	1	2
通信业	2	0	2

续表

标的所属行业	溢价与非溢价交易的发生数		
	溢价	非溢价	合计
住宿餐饮业	2	0	2
其他行业	7	1	8
合计	60	30	90

资料来源：根据 Thomson Financial SDC Platinum Database 已有信息并参考上市公司并购公告整理所得。

由表 3－15 可知，对于采掘业以及金融保险业这两个资金密集且对技术和管理要求较高的行业，其并购对象要求价格亦较高，溢价较高。而对于影视制造业和纺织服装业等技术要求稍低的行业，其并购对象要求价格亦相对低一些，因而通常不存在溢价收购，相应的两种收购的风险亦不一样。

第四节　基于文献的海外并购风险的深层原因分析

上述中国 A 股上市公司的数据分析，仅揭示了并购因为规模或者价格等原因带来的风险，这些风险是表象性的。中国投资公司研究院联合德勤管理咨询通过问卷，调查了 300 余家中国 A 股上市公司，从深层次分析了海外并购的风险。

一　并购战略：缺乏清晰的海外并购战略

回顾中国企业海外并购发展历史，2012—2016 年海外并购数量高速增长，复合增速达 23.5%，其中在欧美发达地区的投资数量增加最为显著。但是在全球投资不确定性增加、国内资本出境管制加强的大环境下，2017 年整体交易数量有所下降。然而亚洲国家或地区在“一带一路”倡议的带动下交易数量反而回升。根据调研结果，未来中国企业海外并购的热情高涨，62.6% 的受访企业表示有明确的海外并购计划，其中约 13% 表示在未来 1 年进行，近 50% 表示在未来 1—3 年进行。但值得注意的是，调研中发现近 40% 的受访企业缺少清晰的海外并购战略。

二　标的搜寻：偏好成长和成熟期中小公司，合适标的难寻

考虑到中国企业从成熟市场公司获取技术和品牌以提升自身竞争力仍是驱动海外收购的重要原因，因此从标的类型来看，出于对技术和品牌的追求，约 44.3% 的受访企业将成熟期公司作为理想标的，而约 50% 的受访企业则将自身有成长动力的企业视作理想标的。从标的规模来看，中国企业偏好规模相对较小的标的，偏好小于 5 亿元的受访企业约占 56%；同时偏好中级市场，即 5 亿—20 亿元的标的，约为 26%，也较为显著；只有约 16% 的受访企业倾向于 20 亿—100 亿元规模较大的标的。根据德勤《中国上市公司调研问卷》显示，50% 的调查对象偏好收购家族式企业，如复星医药收购印度药企 Gland；另有 30% 的调查对象青睐外国老牌企业剥离的非核心标的资产，如青岛海尔收购德国通用。然而合适的标的依然难寻，70% 的受访企业认为缺乏合适的标的是未来海外并购最大的挑战之一。毫无疑问，搜寻并筛选出好的标的是中国企业在海外并购中亟须解决的问题。

三　交易执行：偏好独家控股收购以装入上市实体，但交易失败风险高

调研发现，拥有海外并购经历的受访企业中，约 70% 偏好以

控股方式进行并购，其中74%更是以独家方式完成。独家控股收购方式偏好不仅体现了中国企业在全球化扩张中对标的企业控制权的诉求，还体现在资本运作层面，即将标的装入上市实体作为退出路径（约84%受访企业）以达到提升市值的目的。以协同效应为主的收购逻辑是支撑市值提升的关键。然而，独家控股收购方式也隐含着较高失败风险，包括在漫长谈判过程中无法达成一致（约54%）、在尽职调查过程中发现重大风险而无法控股（约39%）、政府监管阻挠致使资金难以出境（约20%）和未能通过标的国的投资审查（约13%）。所以在应对这些风险时，需要备选方案，例如开拓海外融资渠道以应对资金出境管制等。

考虑到高失败风险，受访企业对于控股型收购十分谨慎。调研发现约50%的受访企业对并购标的进行一年以上的长期追踪。为了更好地实施海外并购，近25%的受访企业拥有海外并购团队，约35%的企业有建立海外并购团队的打算。同时，约10%的受访企业表示将通过与私募基金合作进行收购，以降低并购给企业带来的风险。

四　投后整合：复杂程度高，整合失败导致并购交易未达到目标

受访企业表示投后整合所涉及的工作范围较广。公司治理无疑是大部分企业投后管理工作的重点（约占受访企业76%）；业务和运营协同也是整合之重，包括提升收入（约占受访企业66%）和成本控制（约占受访企业50%）。调研发现，协同效应未能充分识别和实现以及并购整合计划不周或执行不力是导致交易目标未能实现的两大最主要原因。进一步分析，中外双方的文化冲突是导致整合不成功的主要原因之一。同时，并购双方的文化冲突也致

使沟通成本显著增加。

收购成熟市场标的时，理解海外文化和市场以及外资企业运作方式的人才十分匮乏。在海外并购的整合过程中，中国企业面临严峻挑战。考虑到中国企业海外收购的不少标的为家族企业或大企业剥离的非核心业务，整合挑战更为明显。家族企业被收购后，作为高管团队的家族成员往往难以保留，并且在公司管理规范上也相对薄弱，需要花费更多精力提升被收购公司的管理能力。而被剥离的非核心资产往往不具备强健的独立运营能力，需要建立复杂的过渡期服务协议（TSA）并加快其被整合的进度。

因而，拥有清晰的并购和整合战略是成功的前提，做好整合计划和各环节执行是成功的关键。除了做好常规的财务管控和报表整合，人和文化的整合也是重中之重。

第五节　基于文献的降低海外并购风险的方法分析

由本章第四节可知，中国企业海外并购的财务风险主要表现为并购战略不清晰、标的选择不恰当和并购后整合难度大三方面。基于此，本节通过详细的案例分析，提出了以下四种降低海外并购财务风险的方法。

一　深入细致的尽职调查

信息不对称是并购风险产生的主要原因。详细深入的尽职调查可以帮助主并企业更好地了解并购标的，降低并购风险。以滴滴出行并购巴西共享出行公司——99 公司为例，滴滴出行首先制定了详细的全球扩张战略，仔细筛选目标市场和目标企业。在选定意向标的 99 公司后，滴滴出行对 99 公司进行了详尽的尽职调查，并尝试收购了99公司的少数股权，建立战略合作关系。随后，滴滴出行以10亿美元对价收购了99公司的剩余股权，为其进入南美市场打下了良好的基础。

二　建立可复制的整合模式

山东如意集团是一家服装纺织企业。在近年来一连串的海外并购中，如意集团逐步构建了适合自身的可复制的整合模式。如意集团首先收购了日韩的小型时尚品牌，采用宽松管控模式保留其原有的管理团队，并尝试通过利用天猫等第三方平台将其引入中国和其他亚洲市场。在取得不错效果后，如意集团随后收购了欧洲轻奢品牌SMCP。利用先前收购的Renown等时尚品牌网络，如意集团协助SMCP快速打开中国市场。在取得满意效果后，如意集团又收购了瑞士的Bally等高端奢侈品牌。多年的海外并购经验使如意集团构建了“宽松管控模式+利用原有渠道打开销售市场”这一可复制的并购整合模式。

三　利用金融创新降低并购后的业绩风险

并购后整合失败风险是企业海外并购中面临的主要风险。设计完善的“卖出期权”则可以有效降低标的企业业绩“变脸”风险。2016年刚泰控股以15亿元对价收购来自意大利的珠宝企业Buccellati的85%股权。由于Buccellati目前仍处于非盈利状态，刚泰控股第二大股东刚泰集团与Buccellati原股东签署《卖出和买入期权协议》，并设置业绩行权条件。Buccellati原股东将获得Buccellati剩余15%的卖出期权，分别在第三年和第五年解锁。刚泰控股卖出期权设计有利于激励Buccellati提升业绩，有效化解了标的资产的业绩“变脸”风险。

四　基于共同愿景和使命的文化整合

文化差异及由此带来的摩擦和冲突是海外并购整合期间所面临的常见问题。制定共同的愿景和使命则有利于减小并购后的文化冲突。2015 年 9 月，康莱集团以 76 亿港币对价收购了新西兰保健品企业 Blues 83% 的股权。在经过并购初期的甜蜜后，文化差异以及由此带来的摩擦和冲突是康莱集团并购整合中所面临的主要问题。2017 年 5 月，康莱集团制定了“让人们更健康更快乐”的新使命，并将上市公司更名为健乐集团。公司名称的变更和新使命的确立无不体现出管理层对康莱和 Blues 并购后整合的重视。此外，康莱集团也在德勤咨询管理团队的帮助下与 Blues 管理层一起制定了一份涵盖市场营销、供应链、研发、人力资源和财务等环节的并购整合方案。康莱集团的并购整合成绩斐然。2017 年集团营业收入为 80.95 亿港币，同比增长 24.4%，净利润为 12.08 亿港币，同比增长 36.7%。

第四章　中国企业海外并购的标的选择风险研究

第一节　中国企业海外并购标的选择理论分析

从第三章的总体情况描述性分析，我们可以看到，最近几年来，中国企业海外并购的标的主要集中在西欧、北美和北亚地区，主要国家包括美国、德国、加拿大和日本、新加坡等，标的主要行业包括金融保险、采掘、机械制造、汽车制造和电子设备制造等。

海外并购标的选择风险是指由于海外并购标的选择不当给企业带来的收购失败或者达不到收购预期目标的可能性。

海外并购标的选择是海外并购中最重要的决策。企业最大的损失来自于决策的损失。中国企业海外并购是中国企业发展壮大后，走向全球，走向国际化，建设高质量世界一流企业的必然诉求。海外并购因为标的在海外，并购企业与被并购标的企业存在更加严重的信息不对称风险。标的选择不慎，获得的信息不充分，可能给并购决策和后续的并购操作以及并购后的整合带来巨大成本和风险。中国企业海外并购动机一般是为了获取海外优质资源、优势技术，或者为了获得国际人才和国际市场。被并购企业之所以愿意中国企业去并购它，很大因素也是因为中国巨大市场的吸引力。通过并购，海外企业可以更加方便地进入中国更加广阔的市场。

本节内容将从并购双方战略的契合度、并购动机、并购过程中的尽职调查和经验丰富的财务顾问四个方面，详细探讨怎样才能找到一个好的、符合企业战略发展，能为企业带来预期收益并控制风险的并购标的。

一　并购双方的战略契合度

战略契合是标的选择中考虑的首要因素。海外并购标的选择范围比较广，要想实现预期的并购协同收益，在选择并购标的时就要对标的是否符合公司发展战略目标、并购后的长期收益是否与发展战略吻合等进行评价，避免发生只为增进国际化而进行并购的情况。2007 年中国移动对巴基斯坦运营商巴科泰尔的并购便是在充分考虑战略契合度之后做出的决策。

中国移动是中国境内最大的移动电话服务运营商。扩展新的业务增长空间、实现国际化一直是中国移动最重要的发展战略。在中国移动国际化的扩展过程中，其非常明确地将国际化的目标定位在具有高增长潜力、人口规模庞大的亚洲、非洲和拉美等新兴市场。

同样地，电信运营商米雷康姆（Millicom，以下简称 M 公司）也是一家定位在新兴市场开展业务的公司。为快速扩展在新兴市场的份额，中国移动曾经试图直接收购 M 公司。但考虑到自身跨国运营经验的不足，如果要整合 M 公司遍及全球的网络资产会给中国移动自身带来较大的风险，同时高额的支付价格也会给公司带来巨大的财务风险。在对并购 M 公司进行成本收益分析后，中国移动放弃了对 M 公司的整体收购。2006 年 11

月，M公司决定出售旗下的巴基斯坦运营商巴科泰尔（Paktel，以下简称P公司），以退出巴基斯坦市场。消息发出后有10家收购方有意接手P公司。P公司所在的巴基斯坦市场也符合中国移动国际化的战略诉求和定位。因此在放弃对M公司的整体收购后，中国移动向P公司的收购抛出了橄榄枝。2007年1月22日，M公司宣布，每股作价2.84美元将P公司88.86%的股份出售给中国移动通信集团，并在2007年2月14日由中国移动宣布成功完成了对P公司的收购。从中国移动选择并购巴基斯坦的P公司可以看出，目标公司与并购方战略发展定位契合是决定标的最重要的因素。

二　审慎评估并购动机

动机决定行为，尤其是对于企业的海外并购而言，审慎地评估自身的并购动机是决定并购成功的关键。海外并购动机首先要契合企业战略目标的设定，然后要合理且符合实际，这些是海外并购成功的重要前提。并购动机取决于企业发展的需求，因此，评估海外并购动机的关键便是评估海外并购需求存在的合理性和实施的潜在可能性。

第一，要对海外并购需求的合理性进行评估，即为什么会产生海外并购的需求。一般而言，只有从企业战略需要出发的并购才具有意义。企业的并购需求服务于企业的战略发展。海外并购作为一种对外直接投资行为，也是企业发展的战略行为。现有的许多海外并购案例都表明，基于企业战略需要的海外并购更可能获得成功。但倘若企业实施海外并购并不是基于战略需求，而是为国际化而向海外进行的盲目扩张，抑或是基于机会主义的投机逐利，都具有较高的风险而难以获得成功。即使并购勉强完成，并购后的整合也会困难重重，从而难以达到海外并购的预期效果。

第二，在确认并购动机的合理性前提下，对实施海外并购的可能性进行评估。需要注意的是，并购行为是交易双方的行为，他们各自存在相互的供求关系。对并购方而言，其由于自身发展和战略有并购的需求，所选择的被并购标的公司应当能够有相应的供给，并购方应当评估这种供给能否满足以及在多大程度上可以满足其并购需求。对被并购方而言，其实也存在供给与需求的关系，即并购方是否也能提供相应的供给来适应被并购方的需求，但这一层面的供求关系往往被忽略。企业在并购尤其是海外并购时，应当对被并购方的需求有清楚的认知，同时评估自身能否满足以及在多大程度上可以满足被并购公司的需求。这一步异常重要，不但影响并购后整合协同效应的发挥，也决定着整个并购的成败。因此，并购的供求分析应当考虑两个层面四个维度，即并购方层面的买方并购需求和供给，以及被并购方层面的卖方并购需求和供给。

2012 年三一重工收购德国普茨迈斯特便是在充分分析并购动机和双方并购需求供给后做出并购决策的成功案例。作为三一重工的首次海外收购，三一重工对德国普茨迈斯特这个标的进行了严密的战略规划。三一重工不仅对自身的并购需求进行了周密的评估，而且也对并购标的普茨迈斯特进行了深入的了解和掌握，分析收购普茨迈斯特如何能满足三一重工自身发展和并购的需求，以及并购标的普茨迈斯特加入三一重工是否也能满足其被并购的需求。根据上文指出的并购供求分析中的两个层面四个维度，我们对三一重工此次海外并购进行供求分析（见表 4 - 1），可以看出这次并购显然是一个双赢的博弈。

相反地，没有对并购双方的动机进行审慎分析而进行的海外并购可能会给企业带来巨大的风险。2008 年中石化对总部设在加拿大卡尔加里的 Tanganyika 石油公司（加拿大多伦多交易所股票代码 TYK）的收购便被认为是个失败的例子。在并购完成三年后才被证实 Tanganyika 石油公司在叙利亚的主要油田出产的是“苦油”，油品不好，炼化成本大幅上升，而且这种油不符合国际交易标准，也不可能被运回国内作为石油储备。虽然 Tanganyika 石油公司在叙利亚的油田资源符合中石化想要进入中东上游石油资源市场的发展需要，但在并购之前中石化没有对 Tanganyika 石油公司的这些信息进行详细的调查了解，导致最终并购失败，给企业带来了巨大的损失。

表 4－1　三一重工并购普茨迈斯特的供求分析

	三一重工	普茨迈斯特
供给（各自优势）	1. 资金优势 2. 全产业链优势 3. 产品毛利率高的优势	1. 技术品牌优势 2. 全球市场网络优势 3. 全球生产基地优势
需求（各自劣势）	1. 获得先进技术和品牌 2. 扩大海外市场	1. 产业链不完整 2. 产品毛利率低
均衡（双方优势、劣势互补）	1. 提升产品质量 2. 提高市场地位 3. 扩大海外销售额	1. 生产成本降低 2. 盈利能力提升 3. 延伸产品线

三　做好尽职调查

中国企业在进行海外并购的时候，由于被并购标的企业和核心资产一般在国外，做好标的企业的尽职调查是关键。很多失败的案例表明，对并购标的不了解，缺乏详尽的尽职调查是中国企业海外并购失败的主要原因。一宗海外并购动辄几亿美元，有的甚至是几百亿美元，这么大的标的，尽职调查的花费是不能省的，否则会得不偿失。

海外并购的尽职调查根据海外标的企业的规模、所属行业、并购方式等而不尽相同。广义的尽职调查活动包括商业、财务、法务、税务、知识产权、人事、环境和 IT 等方面的尽职调查。在一般情况下，海外标的尽职调查活动包括商业尽职调查、财务尽职调查和法务尽职调查三项活动。

商业尽职调查。在任何一种情况下，中国海外企业并购都会开展“商业尽职调查”这项工作。商业尽职调查是指从外部和内部对并购标的公司业务发展的内外部环境和情况进行调查，对标的公司达到其发展计划的关键因素进行评估和分析。商业尽职调查遵循审慎原则，有着一套严谨的流程，最终目的是明确目标公司的商业前景，了解目标公司所处行业的地位和未来发展趋势。通过对其内部运营管理的分析，可以为交易完成后价值的提升和并购后整合方案的制定做准备。

财务尽职调查。在商业尽职调查中，对企业进行财务分析和盈利能力分析是必需的，因此财务尽职调查与商业尽职调查关系密切，很多内容是互相重叠的。

法务尽职调查。在一些特别情况下，比如敌意性收购时，并不能开展法务等尽职调查。此时唯一能够做的是商业尽职调查。基本上商业尽职调查的结果直接决定是否开展敌意收购。

其他尽职调查活动根据并购双方的特征酌情展开，如知识产权是标的企业竞争力的核心因素，在进行商业尽职调查分析企业的核心竞争力时，其内容与知识产权尽职调查也有所重叠。

下文将分别从开展尽职调查的机构和人员、开展尽职调查的时机、实施商业尽职调查的方法和开展尽职调查的基本步骤四个方面具体阐述中国企业在海外并购时开展尽职调查的过程。

（一）开展尽职调查的机构和人员

企业进行海外并购通常会聘请外部专业机构如专业咨询公司（律师事务所和会计事务所等）或者投资银行来实施商业尽职调查。其中，聘请专业咨询公司开展商业尽职调查的好处是咨询公司往往对行业的整体情况比较熟悉，而且可以使用世界知名的咨询公司的分析手法来开展企业分析，但并非所有咨询公司都能开展估值服务。聘请投资银行开展商业尽职调查的好处则是估值和商业尽职调查可以都由投资银行进行，在尽职调查中发现的各种问题和因素都可以及时反映到标的估值中；同时投资银行也发挥着一个项目各个外部中介的协调人作用。

当然，如果企业内部有丰富的人才储备，也可以直接使用内部员工开展商业尽职调查。由内部员工构成的团队，需熟练掌握标的企业所在国的语言和文化，同时还要熟悉行业的情况，以及具有一定的财务技术能够分析各种财务报表。

（二）开展商业尽职调查的时机

开展商业尽职调查的时机非常灵活。事实上，企业在海外并购选定各种潜在标的时，要做的第一件事便是进行初步的商业尽职调查。初步的商业尽职调查不需要标的企业提供相关资料，但进一步的法务、财务和人事等方面的尽职调查在标的企业不进行配合并提取相应资料的情况下无法开展。初步的商业尽职调查主要体现在对投资银行或其他中介机构的投资信息进行获取时做的初步筛选。可以通过以下几种途径收集到企业一些相关的信息：一是可以通过企业网站、企业宣传册、企业商品目录、企业历史、创始人传记以及媒体对企业的新闻报道等。二是通过政府的统计年鉴等统计资料或者行业协会网站等收集行业的信息。当然，若标的公司是上市公司，公开的年报便是很重要的信息来源。

更进一步的商业尽职调查则需要标的企业的配合，例如与标的企业高管层的访谈，到标的企业进行实地调研和考察等。如果标的企业是一对一地进行谈判，在双方签订 LOI（Letter of intent）或者 MOU（Memorandum of understanding）之后，就可以要求标的企业提供需要的资料，安排管理层访谈等。

（三）实施商业尽职调查的方法

现有海外并购的商业尽职调查需要从三个维度展开。第一个维度是标的公司所在国（或者是某个区域）的宏观环境分析；第二个维度是标的公司所在行业的发展和竞争情况分析；第三个维度是标的公司本身的情况分析，包括业务内容、核心竞争力、收益能力、风险控制能力，企业的公司治理体制机制等。下面将对这三个维度进行具体分析。

1. 标的公司所在国的宏观投资环境分析

不同国家的社会文化和经济发展存在较大差异，投资环境也不尽相同。一般来说，分析一个国家（或地区）的宏观投资环境，需要考虑的因素包括以下九个方面：（1）政治（政权）的稳定性；（2）近五年的经济发展情况和未来五年的发展展望；（3）法制环境健全度；（4）外汇管理和资本管理情况；（5）标的企业所在行业是否有政府的产业政策；（6）对外资企业，尤其是中国企业的态度；（7）是否与中国政府签订了投资保护协定或者租税条约等；（8）当地是否有对口的人才和劳动力；（9）工会在当地的影响力大小。

尤其需要注意的是，在开展对标的企业所在国宏观投资环境分析时，仅仅针对标的企业所在国的基本情况是不够的。举个例子，如果投资的公司处于欧洲某国，那么应当对欧洲整体的发展情况进行分析。此外，若标的企业的业务分布在多个国家或地区，需要对多个国家或地区都进行简要分析。总而言之，如何去界定分析的范围，需要根据当下的具体情况进行。

2. 标的所在行业的发展和竞争情况

对标的所在行业的发展和竞争情况进行分析，一般包括以下四个方面：首先是行业的规模，和世界上其他国家相比，该国此行业的发展水平；其次是该国家是否有针对此行业的产业政策等；再次是分析在该国此行业的竞争程度如何，龙头和标杆企业情况如何？最后是从整个供应链的视角分析此行业在该国的上下游企业的基本情况。

在具体分析行业情况时，需要关注以下三个重要问题。

第一，如何细分一个行业？当行业的产业链较长时，对行业细分便是进行行业分析时首要的也是非常重要的一步。行业细分也需要调查人员具有充分的行业知识和技巧。例如房地产行业，产业链较长、有多种业态和多种属性，从实务的角度来说，可以细分为写字楼、住宅、酒店、物流设施、工业设施、高尔夫设施、医院、学校和养老设施等。

第二，如何选取合适的分析指标和指数？分析行业的指标和指数依行业不同而具有差异。但一般来说，各行业的通用指标包括整个行业的 GDP 规模、产出规模、收入规模等；例如，企业在世界范围内的规模排名也是反映一个国家行业实力的重要指标。当然，某些行业拥有自己特有的指标，比如保险行业中有两个重要指标：保险深度和保险密度，前者是指一个国家保费收入占国家 GDP 的比重，后者指一个国家的人均保费。

第三，如何选择行业的非数字发展指标？除了数字化的指标，非数字化的指标对于全面查看行业的发展水平也是至关重要的。如何客观判断一个行业的发展程度和竞争的激烈程度，需要业内专业人士长期的观察和分析，不仅仅需要看一些数量的指标，而且需要看一些非数量的质的指标。如何选择行业的非数值指标与行业本身的特性相关。例如对于重污染行业可能要特别关注标的所在国对社会责任的社会和法律要求。如果标的企业在网站上公布了很多企业信息及关于环境保护和企业社会责任的内容，那么可以预计该国的造纸行业发展更加成熟，整个社会对企业的要求可能更高。那么，在投资这些国家的时候，在企业的社会责任方面，就必须要符合当地社会的要求。

3. 标的公司本身的情况分析

对标的公司本身进行分析时，需要根据实际情况具体分析。一般而言，需要掌握以下基本情况：(1) 企业的基本情况（包括企业的历史、注册资本金、人员及其构成、总公司和各个分支机构所在地情况等)；(2) 企业的业务内容和主要的产品；(3) 企业最近三年的财务情况；(4) 企业的核心竞争能力；(5) 企业的治理构架和管理体制；(6) 企业的内部控制与风险管理体制；(7) 企业目前存在的不足与主要问题和需要改善之处；(8) 中国企业并购了该目标企业后可能产生的协同效应和协同效益的情况。

此外，企业估值是商业尽职调查中的重要一环。评估标的企业的价值，不但要求对企业经营现状进行准确把握，也要对企业未来发展有个相对客观的预测。目前海外并购实务中较为常用的估值方法是收益估值法和市场估值法。其中，折现现金流量法（Discounted Cash Flow Analysis Method，DCF）是收益估值法中最常见的方法。使用DCF方法时，必须掌握企业未来三至五年的预测收入及现金流情况。另一种市场估值法则是将标的企业与同行业中已经上市的企业进行类比来估算标的企业的价值。

（四）开展商业尽职调查的基本步骤

一般来说，开展商业尽职调查可以遵循以下步骤。

第一步：制订商业尽职调查的计划并明确调查的目标

海外并购中，在基本确定了并购和投资的标的后，便可以制订商业尽职调查的计划并明确商业尽职调查的商业目标。计划主要包括商业尽职调查的范围和内容，以及涉及的人员，倘若标的企业配合，那么标的公司的人员也应当包括在参与人员中。

然后是明确商业尽职调查的目标，即把中国企业期望从海外并购中达到的商业目的作为重要的标的选择决策依据。企业进行海外并购的目的主要有以下十点：（1）获得海外企业高端技术以及技术人才；（2）获得海外企业的主要销售渠道；（3）扩展业务内容或者完成产业链整合；（4）谋求更大的市场份额；（5）获得标的企业的顾客；（6）与并购标的企业合作创造新的协同效应；（7）获得能源或者矿产等自然资源；（8）提升中国企业的海外知名度；（9）获得比较好的财务回报；（10）达到国家的其他战略目的。

第二步：对标的企业进行商业尽职调查分析

在明确商业尽职调查的目标和计划后，便可以开始对标的企业进行分析，可以对标的企业的业务内容和结构、标的企业的业绩以及并购后的协同效应进行分析，分析的具体内容如表4－2所示：

表4－2　　**标的企业商业尽职调查分析内容**

标的企业分析内容	具体分析内容
业务内容和结构	当标的企业开展业务类型较多、规模较大时，开展业务内容和机构分析就非常必要。需要重点考虑以下三个方面： （1）市场动向分析：该标的企业的主要业务和产品市场发展趋势如何，是否有发生影响市场格局的重大变化，例如，技术革新、政府的新政策等； （2）竞争环境分析：主要分析标的企业的市场份额和竞争对手情况以及影响企业竞争力的内部因素和外部因素； （3）商业流程分析：主要分析标的企业的商业流程及其关键点

续表

标的企业分析内容	具体分析内容
业绩情况	分析标的企业业绩，可以从业务板块、产品、顾客、销售地区以及分公司等角度进行。在进行商业尽职调查时，至少应当采取两种不同的视角来开展分析。业绩分析可以涉及以下四个方面。 （1）盈利能力指标：主要包括销售毛利率、销售利润率、投入资本回报率、总资产回报率、净资产收益率等，同时还要考虑公司的盈利指标在业界同行中的排名情况； （2）成本结构分析：主要是分析各种费用对销售额的占比以及对盈亏平衡点的分析，盈亏平衡点分析是指对某个产品或业务在什么规模水平上可以达到盈亏平衡，分析企业的固定成本和变动成本性态特征对于认识企业的主要业务和产品的盈利特征非常有帮助； （3）时间序列分析：分析某一个指标过去三年或者五年乃至十年的时间序列变化情况，通过时间序列的变化，分析企业的竞争力及其变化； （4）竞争对手或标杆的分析：通过对比同行业标杆企业和竞争对手企业的情况，可以更加清楚地认识标的企业的优势和劣势
并购后的协同效应	并购是为了寻求协同效应，海外并购也不例外；通过海外并购可以预期的并购效应有： （1）收购海外标的企业的技术，增强核心竞争力； （2）收购海外标的企业，把标的企业的产品或者技术嫁接到中国市场，通过帮助标的企业开拓和占领中国市场，从而获得高额回报； （3）通过收购标的企业的知名品牌，提高企业的知名度，增加中国顾客对企业的认知度，增加中国企业在中国国内市场的销售； （4）通过收购海外标的企业，或者目标企业的牌照或者销售渠道，为中国企业在这些国家或地区开展业务提供方便

第三步：提交商业尽职报告

在按照表4－2完成对标的企业的商业尽职调查之后，需要向公司的管理层提交商业尽职调查报告。一般来说，商业尽职调查报告包括以下八个部分：（1）报告的要约；（2）标的所在国的宏观环境分析；（3）标的所在行业的分析；（4）标的企业的主要情况；（5）标的企业的业务分析，包括业务内容和结构等；（6）标的企业的财务分析，例如业绩情况等；（7）并购后预期的协同效应；（8）可能存在的问题和并购建议。

当然，短时间内开展的初步商业尽职调查，无法全面地了解标的企业的情况。在并购完成后，被并购公司的各种资料都可获得，在被并购公司员工的配合下，可以开展更加深入的商业尽职调查，以帮助并购企业更好地对被并购企业进行整合，发挥协同效应，对于整个企业更好的中长期发展都非常有益。

四　聘请经验丰富的中介机构担任海外并购的财务顾问

在中国企业的海外并购中，对于自己首次并购或者并购不熟悉的国家或地区的标的企业，选择当地知名的投资银行和咨询公司担任自己海外并购的财务顾问是减少信息不对称风险，降低并购标的选择风险的有效措施。例如中国移动对巴基斯坦 Paktel 公司的收购过程中，就聘请了美林集团、中国国际金融有限公司和 KASB 担任本次海外收购的财务顾问。这三家公司分别在全世界、中国以及巴基斯坦市场都有很高的声誉和知名度，在这三大咨询公司的支持下，中国移动对 Paktel 公司的信息掌握得非常全面，有效地控制和降低了海外并购的财务风险。

第二节　中国企业海外并购标的选择研究
——以东山精密为例

并购标的选择阶段是财务风险的潜伏时期。标的选择的恰当性关系到并购的成功与否。如果主并公司对并购标的缺乏清晰的认识，并购标的选择不当，则会影响后续阶段标的的估值与定价、融资与支付方式的选择以及并购整合的推进。相反，如果并购标的选择得当，主并公司对标的公司有着清楚的了解，则有利于并购的成功实施。苏州东山精密制造股份有限公司（以下简称东山精密）并购美国 Multi-Fineline Electronix 公司（以下简称 MFLX 公司）就是这样一次成功的案例实践。MFLX公司核心生产基地位于中国境内这一特性降低了标的企业的信息不对称程度，方便了主并企业、银行、证监会以及投资者等了解标的企业，对并购活动的风险和收益形成合理预判，方便了企业并购融资、定向增发和偿还并购贷款。因此，东山精密最终成功实现了并购。

一　案例背景

（一）案例公司概况

东山精密创建于1998年，属于计算机、通信和其他电子设备制造业。2010年4月9日，东山精密在深圳证券交易所成功上市。东山精密主要经营范围包括产品结构研发、精密钣金制造、精密铸件制造、表面处理、精密组装、及时配送等。东山精密实际控制人为自然人袁永刚、袁永峰、袁富根。

MFLX公司于1984年10月在美国加利福尼亚州成立，2004年6月在美国纳斯达克交易所挂牌上市。MFLX公司所属行业为印刷电路板行业，经营范围涵盖柔性电路板设计、生产、组装及销售等。MFLX公司管理总部位于美国，主要生产基地则位于中国苏州市，并在韩国、美国和中国香港、中国台湾等国家和地区拥有销售团队。MFLX公司是全球专业柔性线路板和柔性电路组件最大的供应商之一，在全球柔性电路板制造领域居于领先地位。

（二）并购过程概述

2016年2月4日，东山精密宣布收购MFLX公司。2016年5月12日和6月17日，并购事项分别获东山精密和MFLX公司股东大会批准。2016年3—7月，包括国家发改委和商务部、美国联邦调查委员会、美国证监会和美国外国投资委员会CFIUS等境内外相关政府机构和部门陆续通过了与本次收购相关的审批和备案。

2016 年 7 月 27 日，东山精密顺利完成与 MFLX 公司的股权交割，MFLX 公司正式成为东山精密的间接全资子公司。2016 年 8 月 8 日，MFLX 公司正式从纳斯达克交易所退市，此次并购交易最终完成。

（三）并购标的估值

在标的资产估值方面，并购标的估值有资产基础法、市场法和收益法三种方法。由于 MFLX 公司为高新技术企业，资产基础法较难全面客观反映公司价值，故此次评估不采取资产基础法。此次标的资产估值满足市场法和收益法适用条件。因而，东山精密分别采用市场法和收益法对 MFLX 公司资产价值进行了评估。

收益法下企业资产价值为企业自由现金流、非经营性资产、溢余资产之和减去公司付息债务。在收益法评估下，以美国长期国债平均利率 2.17% 为无风险利率，以美国电子行业平均 Beta 1.0278 为系统风险系数计算所得的折现率为 10.08%。以 10.08% 为折现率，并综合考虑 MFLX 公司销售收入与销售成本、研发费用、期间费用和管理层股权激励计算得出的 MFLX 公司自由现金流总计为 43868 万美元。截至评估日，公司的非经营性资产和溢余资产分别为 1603 万美元和 15756 万美元，公司不存在付息债务。故公司采用收益法确定的评估价值为 61227 万美元，增值率为 69.57%。

此次评估采用市场法下的可比公司法对标的资产进行评估。可比公司法下标的资产价值确定的公式为：股权评估结果 =（股权投资价值比率 × 被评估单位相应参数）×（1 - 缺少流通折扣率）×（1 + 控制权溢价）。依照可比公司法计算确定标的资产价值的过程如下：首先，确定评估的可比公司和价值比率。此次评估选择的可比公司分别为**住友电工**、**臻鼎科技**、**台郡科技**、TTM Tech **和嘉**

联益科技；选用的价值比率为市盈率和企业价值/息税折旧摊销前利润。其次，通过对目标公司和可比公司在资产规模、盈利能力、经营效率、成长能力和偿债能力五方面进行对比分析，计算每个可比公司的综合修正系数，并据此得到目标公司的各项价值比率。经计算可知，目标公司 MFLX 的市盈率为 11.06 倍，企业价值/息税折旧摊销前利润为 6.45 倍。再次，计算目标公司的付息负债、少数股东权益。截至评估日，MFLX 公司不存在付息负债、少数股东权益。最后，确定流通折扣和控制权溢价。经分析，此次评估无须考虑流通折扣，控制权溢价为 24.50%。综上，采用市场法确定的标的资产评估价值为 69084.4 万美元，增值率为 91.33%。

考虑到市场法下相关参数的估计会受到近年来资本市场波动大、不稳定的影响，此次标的资产价值的确定没有采用市场法评估结果。鉴于 MFLX 公司的业务经营范围已趋于稳定，相对确定的经营范围有利于评估人员合理预测、估算企业未来收益及折现率，故本次标的资产估值最**终选用收益法评估**结果。柔性电路板行业未来发展前景广阔、标的公司 MFLX 具有先进的生产技术和优质的销售渠道及对并购协同效应的良好预期是本次评估增值率较高的重要原因。

（四）并购对价确定

此次东山精密并购 MFLX 采用全额现金支付的方式。在合并对价确定方面，在考虑 MFLX 公司未来发展状况及参考**艾派克收购** Lexmark、**银润投资收购学大教育等最近** 3 **年境内上市公司收购美国上市公司交易**的基础上，此次合并对价最终确定为 23.95 美元/股。以股权交割日 2016 年 7 月 27 日为节点，MFLX 公司已发行在外的普通股数量为 24640905 股，综合考虑 MFLX 公司的股权激励后，此次合并对价为 6.11 亿美元（40.72 亿人民币）。

二　东山精密海外并购动因与标的选择分析

（一）海外并购动因分析

并购战略选择应适应企业市场竞争和政策环境的需要（Andrade 等，2001）。品牌国际化、寻求新的利润增长空间和实现公司的战略转型是东山精密海外并购的主要动因。

企业“走出去”战略和“一带一路”倡议的相继提出极大提高了中国企业海外并购的热情。在国家政策的鼓励下，不少中国企业纷纷出海寻宝，开拓海外市场。东山精密就是这众多弄潮儿之一。海外并购有利于加快东山精密国际化进程，帮助公司借助目标公司的品牌效应，快速建立在海外市场的知名度，拓宽海外客户基础。

并购有助于东山精密寻找新的利润增长空间，实现自身战略转型和升级。并购前，东山精密的主营业务为精密金属制造，其营业收入约占公司总营业收入的5/6。然而，中国精密金属制造行业市场规模仅为约人民币100亿元，市场发展空间有限。此外，精密金属制造产品附加值低，单个产品利润增长空间较小。市场份额小、产品利润低给企业发展带来较大瓶颈，不利于企业进一步做大做强。东山精密亟须寻求新的利润增长点、实现公司的战略转型和升级。

通过并购进军精密电子制造行业是东山精密拓宽利润空间、实现战略转型的绝佳途径。首先，并购精密电子制造企业属于相关多元化并购。并购相关行业有助于降低并购中的信息不对称，更好地发挥并购协同效应。其次，精密电子制造行业市场规模大，发展前景广阔。近年来，以智能手机、平板电脑为代表的消费类电子行业实现高速发展。广阔的市场需求极大地推动了作为其主要配件的精密电子制造行业的发展。国家也先后出台了《产业结构调整目录（2011 年本）（修正)》《外商投资产业指导目录(2015 年修订)》等多项相关政策，鼓励精密电子制造行业的发展。在市场需求和国家政策支持的双重作用下，目前，中国精密电子制造行业的国内市场规模已达到人民币 800 亿元，远高于精密金属制造行业。并购有助于东山精密快速进入精密电子制造行业，扩大市场份额，寻求新的利润增长点。最后，相对于精密金属制造，精密电子制造的技术含量和产品附加值更高。并购有利于东山精密获取目标公司的关键技术，提升产品科技含量和附加值，实现由**传统的机械制造企业**向高附加值高科技的**精密电子制造**创新型企业发展的战略转型和升级。

（二）并购标的选择分析

标的选择的恰当性影响企业并购的成功与否（Palepu，1986）。并购双方间的信息不对称程度是影响主并企业并购标的选择的关键因素。MFLX 公司和东山精密的核心生产基地均位于江苏省苏州市。相近的地理位置增强了东山精密对 MFLX 公司的了解，降低了公司因信息不对称而造成的标的选择不当风险。基于技术或客户资源获取、公司管理经验学习等多个维度的分析表明，并购 MFLX 公司是东山精密海外并购的上佳选择。首先，在技术取得方面，MFLX 公司主要从事 FPC（柔性电路板，精密电子制造的一种）的研发、生产和销售，具有超过 30 年的行业经验，是国际 FPC 制造领域的佼佼者。收购 MFLX 有助于东山精密加强 LCM（液晶显示模块)、触控产品和 FPC 产品的研发、设计，开发一体化的组装、配送等配套服务，进一步形成全方位、立体化的精密电子制造服务体系。国内现有厂商仍处于 FPC 制造行业的底端，在研发团队、规模和可靠性方面与 MFLX 不可同日而语。因而，基于技术获取角度，收购 MFLX 是东山精密海外并购的战略选择。其次，在客户获取方面，MFLX 公司在美国、新加坡、韩国和中国香港、中国台湾等国家和地区拥有完整的专业销售服务团队，是小米和苹果的主要供应商。并购完成后，东山精密可以充分利用 MFLX 的销售渠道和客户资源，开拓海外业务。最后，在管理经验学习方面，身为电子行业的执牛耳者，MFLX 公司拥有丰富的生产和全球运营管理经验。收购 MFLX 公司有助于东山精密优化和完善企业管理模式，提升管理团队的国际视野。

三　东山精密并购融资方案设计

在资金筹集方面，东山精密采取了先以债务融资筹措资金支付并购款项，再通过非公开发行股票的方式回流资金、偿还并购贷款的资金筹集方式。这样的融资安排不仅有利于企业快速取得并购资金，完成并购活动；而且有利于企业迅速回流资金，降低并购活动给企业带来的财务杠杆和财务风险。

此次筹资活动顺利完成的关键在于银行、证监会和投资者对并购标的的充分了解。在此次筹资过程中，**标的企业核心生产基地位于中国境内**这一特性降低了标的企业的信息不对称，有利于银行、证监会和投资者更好地了解标的企业，进而帮助东山精密以较低资本成本率快速融资。下面，本书将从并购贷款筹集和非公开发行股票两方面具体阐述并购标的的这一特性对东山精密融资安排的影响。

（一）并购贷款筹资安排

银企间信息不对称的降低能够增强企业获得银行贷款的资信度，降低企业的债务融资成本（李志军、王善平，2011）。银企间信息不对称程度较低时，银行较为容易了解企业信贷资金的使用流向，并对企业银行贷款的偿还形成稳定预期。银企间信息不对称的降低有利于企业以较低利率得到更多信用贷款。

MFLX公司的核心生产基地位于江苏省苏州市。MFLX公司核心生产基地位于苏州这一特性利于苏州当地银行更好地了解MFLX公司，并对东山精密此次海外并购的风险和收益形成合理预判。银企间信息不对称的降低提高了银行提供并购贷款的意愿。而东山精密则通过采取与多家银行同时谈判的策略，利用银行间的竞争，寻求优质低价并购贷款。

具体而言，东山精密选择了具有丰富国际投资经验的**中国银行**和机制灵活的股份制银行**招商银行**作为此次海外并购的备选融资机构。2015年5月，东山精密首先就并购MFLX公司一事与中国银行进行商谈，希望得到中国银行的资金支持。2015年12月，东山精密拿到中国银行的批复。中国银行表示愿意为东山精密并购MFLX公司提供资金支持。东山精密于2016年2月收到中国银行及下属中银资产管理有限公司出具的分别为5.15亿人民币的夹层融资承诺函和2.5亿美元的并购贷款承诺函。然而，直至2016年6月，中国银行并未拨付并购贷款。

在与中国银行进行融资沟通的同时，东山精密也并未放弃与其他金融机构的融资商谈。2016年6月5日，**中国招商银行苏州分行主动前来**与东山精密商谈，表示愿意为东山精密并购MFLX公司提供并购贷款；6月28日，招商银行内部正式通过了《并购贷款协议》；7月5日，东山精密董事会收到招商银行苏州分行出具的《并购承诺函》，同意作为主办行向公司发起金额3.5亿美元或等额人民币的授信，并向东山精密发放人民币并购贷款或由境外分行放款给东山精密境外公司。

在综合比较各融资方案的融资方式、融资规模、融资期限、担保方式、贷款条件后，东山精密董事会最终确定选取**招商银行作为主要融资机构**。此次并购融资的综合资本成本率最终为6.19%，具体的融资安排见表4－3。

表4－3　**收购MFLX公司债权融资方案概要**

序号	融资来源		类别	融资规模	融资期限	综合资本成本率
1	招商银行	纽约分行	并购贷款	2.5亿美元 0.5亿美元	4年 1年	6.19%
		苏州分行		3.35亿人民币（约0.48亿美元）	1年	
2	上海银行苏州分行		并购贷款	0.16亿美元（约1.07亿人民币）	2.5年	
3	北京大潮资本有限公司（大潮稳健5号契约型私募投资基金）		短期融资	3亿人民币（约0.448亿美元）	1年	
4	中国东方资产管理（国际）控股有限公司		过桥贷款	0.6亿美元	2年	
5	袁氏父子（袁永刚、袁永峰、袁富根）		长期借款	10.2亿人民币（约1.52亿美元）	3年	

注：上述融资规模中人民币按照1美元兑人民币6.7元模拟计算。

资料来源：根据东山精密公开披露的年报及公告整理。

（二）非公开发行股票筹资安排

东山精密拟通过非公开发行股票的方式筹集资金，用以偿还并购的贷款和补充公司流动资金。证监会和投资者对并购标的的了解是此次非公开发行股票顺利获得批准和认购的关键所在。

出于对目标公司的了解，证监会迅速批复了此次非公开股票发行申请。证监会对此次非公开发行股票的审批流程如下：2016年5月26日，证监会决定对本次非公开发行股票的行政许可申请予以受理；11 月 23 日，证监会审核通过了此次非公开发行股票的申请。2017 年 3 月 1 日，证监会核准了本次非公开发行股票；4 月 21 日，东山精密正式收到《关于核准苏州东山精密制造股份有限公司非公开发行股票的批复》。

对并购标的的了解激发了投资者对此次非公开股票发行的认购热情。在有效报价期内，此次非公开发行共收到包括平安资产管理有限责任公司、金鹰基金管理有限公司等 12 家投资机构的申购报价。经多方比较和衡量后，此次非公开股票发行确定了 7 家投资机构作为本次非公开发行的对象，分别为平安资产管理有限责任公司、金鹰基金管理有限公司、前海开源基金管理有限公司、兴银基金管理有限责任公司、申万宏源证券有限公司、鹏华资产管理有限公司和财通基金管理有限公司。

最终，此次非公开发行募集资金总额为 4499999925.76 元，扣除人民币 60718651.65 元发行费用后的实际募集资金净额为人民币 4439281274.11 元。非公开发行股票的成功为企业并购贷款的偿还提供了资金来源，减轻了企业的现金流压力和偿债压力。

四　东山精密并购融资还款设计

在并购贷款偿还方案设计方面，东山精密管理层充分考虑了非公开募集资金能否到位及能否提前还款对公司还款计划的影响，分别制订了两套详细的还款计划。周详的还款计划减轻了巨额并购贷款给企业带来的财务压力，降低了企业并购成本，提高了并购效率。

当公司非公开募集资金未取得成功时，东山精密拟综合利用自有资金、未使用的银行授信、MFLX 公司的进一步融资、东山精密和 MFLX 公司的经营积累等渠道筹集资金，偿还债务本金和利息。

此时，东山精密对此次债务融资的本金和利息的偿还安排分别见表4－4和表4－5。

表4－4　　东山精密债务融资本金还款计划

日期	2016年8月	2017年1月	2017年7月	2018年1月	2018年7月	2019年1月	2019年7月	2020年1月	2020年7月	合计
归还贷款本金数（亿美元）	0.22	0.47	1.89	0.02	1.51	0.08	1.01	—	1.00	6.2

注：“—”表示没有还款计划。

资料来源：根据东山精密公开披露的年报及公告整理。

表4－5　　东山精密债务融资每年承担的财务费用统计

项目	2016年8—12月	2017年度	2018年度	2019年度	2020年度1—7月
综合资本成本（万美元）	1542.62	2966.80	1847.14	854.28	280.00
综合资本成本（万元）	10335.53	19877.56	12375.83	5723.70	1876.00

资料来源：根据东山精密公开披露的年报及公告整理。

除了对本金偿还时间做了详细规定外，东山精密管理层也对每个借款主体的还款安排做了详细规划。现列示如下：第一，对招商银行约3.48亿美元的还款计划为：按季付息，按年还款，其中，0.98亿美元期限1年，剩余2.5亿美元每年偿还该剩余本金的20%、20%、20%和40%。第二，上海银行苏州分行0.16亿美元的还款计划为：按季付息，按半年还款，本金每半年归还200万美元，2.5年到期还清剩余本金800万美元。第三，北京大潮资本有限公司3亿元的还款计划为：按季付息，本金半年到期后还清。第四，中国东方资产管理（国际）控股有限公司0.6亿美元的还款计划为：按季付息，本金2年到期后一次性还清。第五，对公司实际控制人袁氏父子的还款计划为其中约1.52亿元在放款后一个月内归还，剩余8.6亿元的还款计划为：借款期3年，按季付息，3年分别归还本金的30%、30%和40%。

非公开发行股票取得成功后，在考虑公司融资协议提前还款条约的基础上，东山精密管理层制订了新的还款计划（公司融资协议提前还款条约见表4－6）。公司将以募集资金置换前期投入的自有资金，并用置换资金偿还银行贷款。在贷款偿还顺序方面，基于成本收益和相关还款条约考虑，公司分以下三个层次实施还款计划：第一，根据相关还款条约，在募集资金到位后，立即偿还公司从招商银行苏州分行、中国东方资产管理（国际）控股有限公司融入的款项，约合1.08亿美元；第二，考虑招商银行纽约分行、袁永刚和袁永峰的借款规模和利息支出规模较大，优先偿还招商银行纽约分行、袁永刚和袁永峰的借款4.51亿美元；第三，根据募集资金的实际到位时间以自有资金或募集资金偿还上海银行苏州分行、北京大潮资本有限公司的借款0.61亿美元。

表4－6　**东山精密融资协议提前还款条约统计**　单位：亿美元

融资来源		融资协议中关于提前还款的约定	到期日	还款金额
招商银行	纽约分行	可主动提前还款	2020年6月12日	3.0
	苏州分行	募集资金到位后立即还款	2017年7月6日	0.48
上海银行苏州分行		可主动提前还款	2019年1月20日	0.16
北京大潮资本有限公司		需获得书面同意	2017年1月20日	0.45
中国东方资产管理（国际）控股有限公司		募集资金到位后立即还款	2018年7月21日	0.6

续表

融资来源	融资协议中关于提前还款的约定	到期日	还款金额
袁永刚、袁永峰	可主动提前还款	2019年7月19日	1.52
合计			6.19

资料来源：根据东山精密公开披露信息整理。

五 财务风险衡量

王竹泉等（2019）发表在《管理世界》上的文章《中国实体经济资金效率与财务风险真实水平透析——金融服务实体经济效率和水平不高的症结何在?》指出，传统的财务风险衡量指标存在资金与资本概念混淆、不区分经营性负债和金融性负债等缺陷。这导致传统的财务风险指标对企业财务风险的衡量存在偏颇，具体表现为低估资金效率和高估财务风险。为了更加精确地衡量企业财务风险，该文在文章中构建了两个反映企业财务风险的新指标：资本负债率和资本杠杆。资本负债率的衡量方法如下：资本负债率=金融性负债/（金融性负债+所有者权益）。资本杠杆的衡量方法如下：资本杠杆=（金融性负债+所有者权益）/所有者权益。金融性负债的衡量方法如下：金融性负债=短期借款+应付债券+一年内非流动负债+长期应付款+长期借款和应付利息。

采用王竹泉等（2019）的财务衡量方法，表4－7和表4－8分别衡量了东山精密并购MFLX前后资本负债率和资本杠杆的变化情况。由表4－7和表4－8可得，尽管由于大额举债致使东山精密的财务风险在2016年并购当年有所增加，但恰当的标的选择使得东山精密的财务风险在并购后显著降低。并购并没有大幅增加企业的财务风险。

表4－7　　并购前一年至并购后两年东山精密资本负债率　　单位：%

年份	2015	2016	2017	2018
资本负债率	42	73	48	63

表4－8　　并购前一年至并购后两年东山精密资本杠杆

年份	2015	2016	2017	2018
资本杠杆	1.72	3.66	1.94	2.67

资料来源：根据东山精密公开披露信息计算整理。

六　结论与建议

东山精密成功并购 MFLX 公司的案例表明，选取**核心生产基地位于中国境内的境外资产**有利于海外并购的成功。一方面，选取此类并购标的降低了并购双方的信息不对称，减小了因信息不对称而造成的并购标的选择不当风险；另一方面，选取此类并购标的有利于金融机构、投资者和监管部门更好地了解并购标的业务，对并购活动的风险和收益形成合理预判，方便企业并购融资，也方便企业在定向增发股份融资时投资者了解此次并购标的的情况，便于增发的成功，获得权益资金偿还并购贷款。据此，本书提出以下三点政策建议：

第一，企业海外并购应恰当选取并购标的。企业实施海外并购战略前应充分做好事前规划，在详细了解目标企业情况并结合自身发展战略的基础上恰当选择并购标的。购买**核心生产基地位于中国境内且对标的资产较为了解的海外企业**不失为一个好的选择。

第二，在并购融资方面，企业可采用多元化的融资策略。并购融资方案的设计应综合考虑时间成本和资金成本的影响。

第三，在并购款项偿还上，企业应基于成本收益的原则制定债务偿还方案，并充分考虑筹集资金到位、还款条约等可能因素的影响。还款方案的安排应尽可能详尽、细致。

第三节　中国企业海外并购标的选择风险防范

海外并购的标的选择适当与否直接关系到海外并购的成功与并购后的整合效应的发挥，也是海外并购财务风险形成和潜伏的第一个关口。通过聘请标的所在地熟悉标的情况的海外知名投资顾问加强并购标的的尽职调查，审核并购目标企业与中国主并企业的战略契合程度，严谨细致评估被并购公司标的资产质量是防范和降低海外并购标的选择风险行之有效的方法。

通过东山精密并购 MFLX 公司的案例研究表明，通过选择收购**“境外控制的境内优质资产”**，特别是欧美发达国家知名企业控制的，与主并企业同省、同城、同地的优质标的资产，是一条**减少并购方和被并购方信息不对称风险**，通过海外并购促进中国本土企业转型升级的有效途径。中国改革开放 41 年来，前 30 年基本上是外国跨国公司进入中国，形成了许多外商投资企业，特别是欧美和亚洲发达经济体的跨国公司控制的，在中国境内的优质标的资产。近 10 多年来，随着中国本土企业的发展壮大和综合实力的提升，中国本土企业**有能力**并购海外企业。同时，随着国内各种资源成本的上升和国际单边保护主义的抬头，海外跨国公司也有收缩的意愿，这使中国本土企业**有机会**去收购自己曾经非常了解的海外跨国公司控制的与自己具有业务协同和战略协同的境内标的资产。东山精密收购的 MFLX 公司控制的核心标的资产——苏州维信电子，就在与东山精密同城的苏州市。由于对并购标的核心资产的充分了解，减少了并购方和被并购方对核心并购标的资产的信息不对称，有效促进了资产的合理估值和收购对价的谈判，由于并购核心标的资产在当地非常熟悉和出名，也减少了融资方东山精密与出借方——中国银行苏州分行和招商银行苏州分行对并购标的的信息不对称，使得企业顺利在短时间内融到可靠的银行资金贷款。同时，也由于定向增发的投资者对并购标的比较了解，也促进了后续东山精密定向增发股份的融资成功，从而能顺利偿还各并购资金债权人的借款，化解了并购负债融资形成的财务风险。

第五章　中国企业海外并购的估值与定价风险研究

第一节　估值与定价理论分析

一　海外并购常用估值方法

（一）成本法及资产价值基础法

成本法也称资产价值基础法，是在目标企业资产负债表的基础上，通过合理评估企业各项资产价值和负债从而确定评估对象价值。根据计算标准选择的不同可以细分为清算价值法、净资产价值法和重置价值法。

1. 清算价值。以评估对象处于被迫出售、快速变现或其他非持续经营条件为基础判断的资产价值估计方法。

2. 净资产价值。就公司而言，净资产通常是按照结果审计核实后的财务报表的资产及负债的账面价值计算得出的价值，净资产一般是账面净资产，是以会计历史成本计量的账面净资产。

3. 重置价值。现在重新购置相同资产或重新生产相同产品需要的全部成本。该方法的理论基础在于任何一个理性人对某项资产的支付价格将不会高于重置或者购买相同用途替代品的价格。

资产价值基础法适用于经济效益一般或者资产整体性较差且资产间相关程度较低的企业，同样适用于对亏损企业的整体评估。此外，使用资产价值基础法时，要求企业各投入要素资产的重置成本能够较好地计算。该方法的优点是：操作起来比较简单，资料也相对较易获得和可靠，受人为因素的影响较小；但缺点是难以反映企业的整体经营能力，过于强调某项资产的现行市场价值。

（二）市场法

市场法是将评估对象与可参考企业或者在市场上已有交易案例的企业、股东权益、证券等权益性资产进行对比以确定评估对象价值。其应用前提是假设在一个完全市场上，相似的资产一定会有相似的价格。主要有以下三种常见的方法：

1. 可比公司分析法

可比公司分析法是在市场上选择与标的企业各方面指标较为类似的企业进行类比来判断标的企业市场价值的办法。选择类似企业的标准包括：主营业务、产品类别、经营规模和环境等。根据可比企业的财务指标、历史情况和发展前景确定可比企业的市场价值，并以此来估计和判断标的企业的价值。

2. 可比交易分析法

可比交易分析法是参考同类公司过去对同类资产的收购价来确定目标公司资产交易价格的方法。在实务操作中，使用可比交易法是从与此次并购活动类似的以往的并购案例中提取数据来计算相应的收购价格指标，并以此评估目标企业的价值。比如可以统计同类并购案例中收购方支付的平均溢价水平来确定标的企业的价格。

3. 市盈率法

市盈率法是专门针对上市公司价值评估的。即被评估企业股票

价格 = 同类型公司平均市盈率 × 被评估企业股票每股收益。市盈率法需要标的企业的同行中有其他的可比的上市公司作为参考的对象，同时也要求证券市场和资本市场相对有效，以保证市值能够真实反映价值。市场法中的市盈率法的优点是：简单直观，且在成熟的资本市场上较为有效，但缺点是若参照样本的选择和市场价格波动会影响估值的准确性。由于中国资本市场参与者中机构投资者比重还较小，绝大多数投资者投机性比较严重，市场规范程度还不够，因此市盈率法在中国使用容易出现价格背离。

（三）收益法

收益法是指通过将被评估企业预期收益资本化或折现至某特定日期以确定评估对象价值的估值方法。其理论基础是经济学原理中的贴现理论，即一项资产的价值是利用它所能获取的未来收益的现值，其折现率反映了投资该项资产并获得收益的风险回报率。收益法主要包括以下几种。

1. 股利贴现法

该方法利用股利贴现对公司的价值进行估值。对股权资本进行估价的基本模型是股利折现模型，即认为股票价值是预期股利的现值，股票的内在价值等于股东可能取得的各种预期股利的现值总和。该方法以投资者关注股利为前提条件。由于对成长中的公司估价往往偏低，股利与估价之间的关联度不高，使这种方法的运用效果大打折扣。

2. 折现现金流量法

折现现金流量法以目标企业持续经营为前提，它是在资本预算的基础上，将企业的未来预期现金流量按照一定的资本成本率作为贴现率进行贴现，折算为并购交易时的现值，并据此来评估企业价值。

折现现金流量法的基本模型是现金流量折现模型（Discounted Cash Flow Approach，DCF），在确定条件下，投资项目的价值是未来预期现金流按照一定折现率折现后的现值。如式（5－1）所示：

$$P = \sum_{t=1}^{n} \frac{CF_t}{(1+r)^t} \qquad (5-1)$$

式（5－1）中：

P——企业的评估价值；

n——企业（资产）的寿命；

t——现金流的流入时点；

CF_t——企业（资产）在 t 时刻产生的预期现金流；

r——预期现金流的折现率。

折现现金流量法的关键是获取企业未来预期现金净流入量、该现金流入量的持续时间和投资者要求的报酬率三个变量，而且要尽可能保证这三个变量信息的可靠性。因此，折现现金流量法适用于对可以持续经营且盈利水平较高的资产进行估值，是一种能够体现企业内在价值的估值方法。但折现现金流量法计算耗费时间较长，需要对公司的运营情况与产业特性有深入了解，具有较高的主观性，在实际运用时需要特别谨慎。

3. EVA 企业估值法

经济增加值（Economic Value Added，EVA）是指经调整后的企业税后净营运利润与资本成本之间的差额，反映的是企业为股东创造的财富。在基于 EVA 的企业价值评估方法中，企业价值等于投资资本加上未来年份 EVA 的现值，即企业价值＝投资资本＋预期 EVA 的现值。

传统的估值模型采用的是容易被操纵的会计利润，EVA 则考虑了权益资本成本，以企业的税后利润与股权投资者以及债权人的预期收益相比来判断股东财富的变化。传统的公司价值评估中仅核算了企业的债务成本，而忽视了权益资本的投入代价；而股权资本和债权资本一样，使用都需要付出代价，因此 EVA 的估值方法主要思想便是：只有当公司的税后经营净利润高于债务和股东投入的总资本时，剩余收益才能给企业所有者带来价值。

然而 EVA 的模型也存在一定的局限性：EVA 仅仅考虑了目标企业在并购后产生的价值增量，但在实际的并购中，目标企业往往会给并购企业带来不仅限于其自身价值的收益，此时的投资价值应该是指目标企业在特定投资要求和投资背景下的价值。比如收购带来的**协同效应等收益**。而一般的 EVA 模型并没有考虑到这些收益，而这些对于企业海外并购投资，尤其是**战略性海外并购投资**来说是非常重要的，这些额外收益能够带来数倍的经济利益。因此，一般的 EVA 模型不能准确地衡量企业并购带来的协同效应等附加价值，不能准确地反映出企业并购带来的真正价值。

（四）实物期权法

无论是 EVA 的价值估计方法，还是其他贴现现金流量估值办法，都存在估计的价值是项目的静态价值这个缺陷，往往会使投资者对项目价值的估计过低，使投资者在投资决策中，特别是在具有灵活性或战略成长性的投资项目中无法通过灵活地把握各种潜在的投资机会为投资者带来灵活性增值，有时候甚至会导致决策错误，其造成的损失往往很大。而实物期权理论比较好地体现了项目投资的风险性、不确定性以及连续性的特点，因此对企业价值的评估也就更接近企业的真实价值。用实物期权法估算的项目的实际价值是扩展的净现值，或者说是有灵活性的实物期权的净现值。实物期权定价主要依据的理论是 Black-Scholes 的期权定价模型，经过不断的实证检验和发展，该期权模型可以用来对海外并购期权进行价值评估。

在企业海外并购的场景下，很多方面都与实物期权投资具有类似性，例如对未来收益的不确定性、投资选择的灵活性等；在这种情况下，并购企业拥有的实物期权是在对海外标的进行收购的过程中，具有可以自己修改投资收购决策的权利。并购实物期权定价方法将目标企业的总价值（V）划分为两个部分：一部分是基于传统贴现现金流量的企业内在价值（V1）；另一部分则是未来企业的实物期权价值（V2）。该估值方法主要用来**评估风险投资企业的价值**。由于使用该方法得到的估价是对目标企业和未来市场状况乐观估计的结果，因此在中国企业海外并购实践中对目标企业的出价不应超过这一估价。

二　企业价值评估中的海外并购协同效应

上文提到，传统的价值评估方法，如折现现金流量法在对目标企业进行评估时，都是基于既有的经营活动进行评价，而没有将并购后的整合协同效应带来的价值囊括在内。因此这部分内容详细概述企业价值评估下的海外并购协同效应的价值测度。

（一）海外并购协同效应

协同效应是指两个公司合并后，综合竞争能力超过两家公司分别独立经营的能力，或者综合盈利能力超过两家公司独立经营时的期望盈利，可简单概述为“一加一大于二”的效应。协同效应一般分为管理协同效应、经营协同效应和财务协同效应。

管理协同效应主要指的是并购给企业管理活动在效率方面带来的变化及效率的提高所产生的效益。如果两个公司的管理效率不同，在管理效率高的公司兼并另一个公司之后，低效率公司的管理效率得以提高，这就是所谓的管理协同效应。管理协同效应来源于行业和企业专属管理资源的不可分性。管理协同效应可以表现在节省管理费用、提高企业的运营效率和充分利用过剩的管理资源三个方面。

经营协同效应主要指的是并购给企业生产经营活动在效率方面带来的变化及效率的提高所产生的效益，其含义为：并购改善了公司的经营，从而提高了公司效益，包括并购产生的规模经济、优势互补、成本降低、市场份额扩大、更全面的服务等。经营协同效应可以表现在规模经济效应、纵向一体化效应、获取市场占有率或垄断权以及资源互补四个方面。

财务协同效应就是指在企业兼并发生后，通过将收购企业的低资本成本的内部资金，投资于被收购企业的高效益项目上，从而使兼并后的企业资金使用效益进一步提高。那些发展时间较长，已进入成熟期或衰退期的企业，往往有相对富裕的现金流入，但是苦于没有适合的投资机会，而将资金用于股利的发放。长此以往，企业发展前景会更加暗淡，逐渐走向衰落，所以其管理当局希望能从其他企业中找到有较高回报的投资机会，从而形成资金供给。与此同时，那些新兴企业增长速度较快，具有良好的投资机会，但是其内部资金缺乏，而外部融资的资金成本较高，加之企业负债能力差，获取资金的途径非常有限，因此特别需要资金。在这种情况下，企业兼并在供求之间搭起了通道。两种企业通过兼并形式形成一个小型的资本市场，一方面可以提高企业资金的效益，另一方面得到了充裕的低成本资金，可以抓住良好的投资机会，使得兼并后企业能够更科学、合理地使用资金。这也正是财务协同效应的意义所在。财务协同效应主要体现在企业内部现金流入更为充足且内部资金流向了更有效益的投资机会；企业资本的扩大，破产风险相对降低，偿债能力和取得外部借款的能力提高等。

协同效应的实现可以从资源角度、竞争角度和整合角度三个维度去分析，具体如表5-1所示：

表5-1　　　　协同效应的实现方式

资源角度	竞争角度	整合角度
1. 识别目标公司中战略、流程、资源中的独特价值，并能维持和管理好这种价值，使其至少不贬值或不流失 2. 并购者自身拥有的资源和能力，在整合过程中不会被损害，能够维持到整合后新的竞争优势发挥作用 3. 并购者拥有的资源、能力与目标公司的资源、能力能够有效加以整合，创造出新的超出原来两个公司新的竞争优势	1. 整合后的并购者必须能够削弱竞争对手 2. 整合后的并购者必须能开拓出新市场或压倒性地抢夺对手的市场	1. 在尽职调查时就要考虑并购整合的问题 2. 愿景、使命陈述中那些具有地域色彩、国家色彩的内容须作出适当的调整 3. 为防止可能的文化冲突，特别是权力冲突以及为由此而导致的对公司竞争力的损害做好充分的准备

资料来源：作者根据相关资料整理。

（二）海外并购协同效应的测度

1. 海外并购协同效应测度理论与方法

海外并购协同效应的测度可以使用卡普兰、科勒和杰克默林（2002）的两阶段折现模型法。该方法把预测时间分为两个阶段：第一阶段是并购后的整合阶段，此阶段公司盈利能力不稳定，可以对国际经济形势、行业形势及公司当前增长水平进行预测；第二阶段是整合完成后，公司进入稳定的长期可持续均衡增长阶段，通过预测长期销售收入增长率和由并购引起的自由现金流量增加值增长率来进行进一步的估算，进而对两个阶段中由并购带来的自由现金流的增加量进行折现，获得并购协同效应的净现值。

并购协同效应净现值估计模型如下：

$$V_{SYN} = \sum_{t=1}^{n} \frac{\Delta FCFF_t}{(1+WACC)^t} = \sum_{t=1}^{m} \frac{\Delta FCFF_t}{(1+WACC)^t} + \frac{\frac{\Delta FCFF_m \times (1+g)}{WACC - g}}{(1+WACC)^m} \tag{5-2}$$

式（5－2）中：

V_{SYN}——并购后带来的协同效应值；

$\Delta FCFF_t$——并购后第 t 年带来的自由现金流增量；

$WACC$——贴现率，一般使用企业加权平均成本代表；

n——并购后公司的预期寿命；

m——第一阶段预测期长度，表示并购后整合所需时间；

g——并购后第二阶段由协同效应带来的企业自由现金流增量长期可持续增长率。

2. 并购溢价的测定方法

企业并购溢价主要是指股权收购溢价，即超过被并购企业实际股权价值的股权收购价款。在股权收购价格中股权收购溢价是不可或缺的部分。如何科学地测定股权收购溢价成为合理确定企业并购价格的关键，常用的测定方法有四种，即比较分析法、增值分成法、期权定价法和经验法。

表5－2　　并购溢价的测定方法

并购溢价测定方法	比较分析法	增值分成法	期权定价法	经验法
基本做法	按照大多数同类企业的并购习惯做法和平均水平来确定企业并购溢价	通过测算企业并购增值额及其分成比例来确定企业并购溢价	运用期权定价模型测算企业并购溢价	根据同类可比海外并购案例的习惯性做法来确定企业并购溢价
注意事项	正确选择可比企业及其出价范围，是采用这种方法确定企业并购溢价的关键	企业并购所产生的价值增值，应按一定比例在主并购企业和目标企业之间分配	具有价值的扩展性期权是并购溢价存在的前提和基础。合理的并购溢价应该等同于扩张性期权价值	并购溢价在并购价款中所占比重：（10%，20%），成功；（20%，30%），略有盈余或盈亏平衡；（50%，60%），并购亏损或并购方破产

资料来源：作者整理。

3. 并购溢价与协同效应关系

马克·L. 赛罗沃（2000）曾经给出一个判断并购价值的公式，即并购战略的价值＝协同效应－溢价。根据上文，溢价是指并购者付出的超过公司内在价值以外的价格。如果溢价为0，那么并购价值＝协同效应，如果没有协同效应，那么并购溢价便是并购方送给目标公司的礼物。

并购战略最大的挑战之一是：付出的溢价是事前的和固定的，但协同效应却存在高度的不确定性。而并购战略一旦失败，无论是金钱，还是声誉，代价都很高昂。所以，在成熟的资本市场中，股东或投资者判断一项并购对自身利益影响的两个关键指标，就是潜在的协同效应和并购溢价。当并购方的出价远高于公司的内在价值，而溢价又没有潜在协同效应来支撑的时候，投资者、社会公众以及其他的利益相关者就会怀疑并购方的并购动机。如果并购方不能给出合理的解释，这种怀疑就会被投资者当成事实。而在并购涉及国际政治因素时，这种并购更会给怀疑论者提供一个值得利用的理由。

三　中国海外并购的估值风险

海外并购与国内并购相比，往往并购周期较长、成本更高，金额大，运作更为复杂，并购企业面临更大的估值与定价风险。估值与定价风险是指由于技术、人为或其他不确定性因素的影响，高估了目标企业价值，导致高定价，进而损害并购方的利益。估值与定价风险主要来自被并购方和并购方两个方面。

（一）来自被并购方标的企业方面的因素

（1）标的企业估值受不同国家会计准则的影响。由于海外并购时，标的企业所在国使用的会计准则可能与国内有较大差异，如果忽略这个差异可能会使得估值结果存在较大的偏差。

（2）标的企业估值受不同国家资本市场发展状况差异的影响。当标的企业是上市公司时，不同国家或地区的资本市场发展状况的差异会对标的企业的估值产生较大影响。对于资本市场不太有效的国家或地区，股票价格并非是标的企业价值的真实反映；尤其是当标的企业处于非有效市场时，标的企业管理层可能会利用其信息优势操纵股价，造成过高的并购价格使得中国企业蒙受损失。

（3）标的企业已有的合同签订不规范，给并购后整合带来较高的合同风险。倘若在进行尽职调查时低估了标的企业由于合同签订不规范带来的合同风险，会使得并购价格相对偏高，导致较高的估值风险。

（4）标的企业隐瞒不报或有诉讼。或有诉讼风险不仅会给标的企业的生产经营带来不确定，还会对其品牌和声誉带来影响，从而使得中国企业在对其估值定价时价格高于合理的水平，导致较高的估值风险。

（二）来自并购方的风险因素

（1）高估了标的企业未来的盈利空间。如果中国企业在实施海外并购时过于相信标的企业的专利技术或过于偏好国际市场，为了国际化而实施并购，则会很容易高估标的企业的价值，带来过高的成交价格，且不利于并购后的整合。

（2）错误使用标的企业价值评估方法。在对海外并购标的企业价值进行评估时，切忌机械化和简单化套用理论公式，应当根据不同国家、地区、行业和成长周期的标的企业调整使用价值评估方法。

（3）为降低成本而缩短对标的企业的尽职调查分析。若海外并购事件准备时间过短，则会压缩资产评估机构、会计师事务所等中介机构的费用和时间，减少了对标的企业信息的把握，留下了信息质量较低的隐患。较高的信息不对称会导致对标的企业的估值过高，从而增加并购成本。

（4）不合适的并购时点。若并购的时点与标的企业上一次发布财务报表时点之间间隔较远，那么并购方得到标的企业财务报表的时效性就较差，不能及时得到标的企业最新的生产经营等信息。根据时效性较差的财务报表得到的估值就会有较大的偏差。

四　海外并购估值风险的控制与防范

在海外并购过程中，一旦错误地高估了目标企业的价值，就可能会对中国企业造成巨大的损失。对于如何降低中国企业在海外并购中所面临的估值与定价风险，有以下建议。

1. 选择适当的估值方法

本章前文已经详述了各种估值方法及其优缺点和适用的前提和情景。各种估值方法并无绝对的优劣之分，在估值时，应该根据标的企业所处国家、行业和企业具体情况等选择适当的评估方法。同时，为提高估值准确度，可运用多种估值方法同时分析，比较差异以降低估值风险。例如，本书第四章所举的东山精密并购MFLX公司案例，即采用了市场法和折现现金流量法两种方法作为标的公司的估值方法，因为考虑到国外资本市场的波动和不确定性，最后并购双方采用了折现现金流量方法的估值作为谈判的基础。

2. 全面了解标的企业相关信息

要对标的企业进行较为准确的估值，便需要对标的企业的相关信息进行全面的了解。全面和高质量的尽职调查是企业价值评估得以顺利进行的重要条件。需要了解的标的企业相关信息包括标的企业的管理、财务、产业环境、经营能力和法律方面的信息。同时对于处于不同成长周期的标的企业应当适当调整对其价值的评估。例如，对于处于成长期的企业估值可以稍高一些，但处于衰退期的企业则应适当降低估值。

3. 合理使用标的企业财务报表，同时注重标的企业的表外业务

中国企业在实施海外并购时应通过分析目标企业的财务报表，了解目标企业的财务状况及经营状态，评估目标企业的资本结构质量、资产质量、利润质量和现金流量质量。为有效降低企业面临的估值风险，在进行财务报表分析时，应当通过标的企业财务报表所披露的信息，推断现有价值形成的基础，并预测未来的发展；同时还要密切关注财务报表附注提供的细节信息。此外，还要关注标的企业的标的业务，包括表外融资，集团内部债务转转移、相互抵押、担保融资等行为，这些都会影响标的企业价值的

评估风险。

4. 加入保证条款，明确各方责任

海外并购中的估值与定价风险往往来自并购过程中的信息不对称。即便是在专业中介机构全面尽职调查的情况下，对标的企业的信息有时也难以全部知悉。因此，中国的并购方企业可以要求在签订合同时设立一些保证条款。例如，在条款中明确目标企业对其提供的信息所负的责任及告知义务，以此来降低中国企业所面临的估值与定价风险。

5. 通过敏感性分析等对标的企业未来运营情景进行模拟

为提高信息的可靠程度，一般还应对假设前提作敏感性测试。敏感性分析是指从影响目标公司生产经营的不确定性因素中找出敏感性因素，通过测算、分析这些因素对目标公司的经营所产生的影响，判断目标公司承受风险的能力，从而得到更为准确的估值。敏感性分析通过逐一改变敏感性因素数值的大小来检验目标公司的风险承受能力。进行这样的敏感测试可为公司管理层提供更多的决策支持信息。敏感性测试的变量一般有成本下降率、成本下降的增长率、加权资本成本，等等。不同的假设前提会带来不同的测试结果。

类似的还有情境分析和压力测试。情境分析是假设企业在经营活动中可能遇到的不同情景并结合各种情景发生的概率来研究标的企业的风险承受能力。压力测试则是假设将标的企业置于如陷入财务困境、管理层或员工大量离职等极端情况下，测试标的企业在突变情况下的反应。

6. 加强对政治风险的关注与防范

海外并购政治风险是指由于东道国政府或第三国政治势力的影响而引起的非市场性的不确定因素。海外并购的政治风险通常难以预测和管理。海外并购中的政治风险会对目标企业的估值造成极大的影响。从并购企业的角度来说，可以尽量进行东道国本土化整合，如负担起东道国的社会责任，积极投身公共事业，为企业在东道国积累良好的声誉等。此外，还可以雇佣东道国中介机构参与并购，为企业提供更多的专业支持。

第二节 估值与定价案例研究
——时代新材并购德国 BOGE

并购活动实质上是一项资产买卖活动，出价与要价是并购能否成功实施的关键。国内企业作为出价方，出价过低，不能达到境外企业的心理预期，则交易不能成功；出价过高，目标企业不能在未来产生预期的收益，则会恶化企业将来的财务报表，即埋下财务风险隐患。出价与要价的基础是估值，估值的关键在于相关参数的选择（如收益法、折现现金流量法中的预期现金流、折现率、时间等以及市场法里面的修正参数等）。而参数的选择带有一定的主观性，因此聘请具有丰富经验的中介机构或者采用多种评估方法，相互对比判断其合理性则可以帮助企业降低主观性，确定出合理的评估价值。在时代新材并购德国 BOGE 的案例中，时代新材在预估值的基础上和德国采埃孚集团签订主购买协议，而不是在签订协议之前就由具有丰富评估经验的评估机构评估，确定合理的评估值。虽然在最后确定交易价格时，对主购买协议中的交易价格有所磋商调整，但相比与中水致远（具有证券评估资格的中介服务机构）出具的评估报告仍然定价过高，为企业埋下了一定的财务风险隐患。最终，财务风险爆发，2019 年 3 月 17 日，德国 BOGE 合并层面确认商誉减值 6785 万欧元，导致时代新材合并报表净利润减少人民币52987万元，进而导致其2018年度预计实现归属于上市公司股东的净利润由盈转亏。

一　案例简介

（一）案例公司概况

1. 时代新材简介

时代新材成立于1998年5月，2002年12月在上海证券交易所挂牌上市（股票代码600458）。时代新材是一家主要提供汽车减震及轻量化、绝缘材料、工程塑料、特种装备制品等产业的相关产品的研发、生产、销售和服务的企业，其实际控制人为国资委。时代新材与实际控制人的产权和控制关系如图5－1所示。

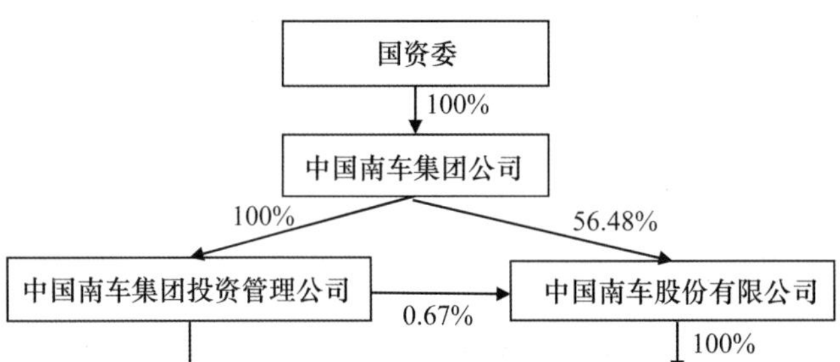

图5－1　时代新材股权结构

资料来源：根据时代新材公开披露信息整理。

2. 德国BOGE简介

德国BOGE是德国采埃孚集团下属的BOGE橡胶和塑料业务公司。德国BOGE是一家主要提供高端汽车橡胶减震件及精密注塑件的汽车减震系统供应商，在全球同类行业中排名第三。

（二）并购过程概述

时代新材并购德国采埃孚集团旗下的BOGE橡胶和塑料业务公司的并购过程见表5－3。

表5－3 **并购过程概述**

时间	事件
2013年6月	签订合作意向
2013年12月11日	签署拟收购的《主购买协议》
2014年3月28日	南车集团董事长郑昌泓与采埃孚集团总裁索玛博士在德国柏林签署了推进并购项目早日完成交割的合作备忘录
2014年7月24日	签订正式购买合同，并进行实质性交割
2014年9月1日	新的BOGE橡胶及塑料有限公司正式运营
2014年9月3日	股权交割事宜完成

资料来源：根据时代新材公开披露信息整理。

（三）并购方案概要

时代新材在德国设立全资子公司通过资产交易和股权交易方式收购采埃孚集团旗下的BOGE橡胶和塑料业务公司。根据并购双方的股份购买协议，购买的资产范围见表5－4。此次交易涉及法人实体的变更、员工劳动合同的变更以及劳动合同的补偿。

表5－4 **交易标的资产范围**

序号	标的资产	备注
1	BOGE斯洛伐克100%的股权	由时代新材在德国新设立的BOGE控股收购
2	BOGE巴西99.98%的股权	
3	BOGE法国99.9955%的股权	
4	BOGE澳大利亚100%的股权	
5	BOGE中国100%的股权	

续表

序号	标的资产	备注
6	BOGE 德国相关业务全部资产[①]	由 BOGE 控股设立的 BOGE 橡塑收购
7	BOGE 美国 100% 的股权	由 BOGE 美国设立的时代美国收购

资料来源：根据时代新材公开披露信息整理。

（四）并购动因

依据时代新材的公告，时代新材此次并购的动因是：（1）实现时代新材发展战略以及在汽车零部件行业的定位；（2）加速产业整合，发挥时代新材与 BOGE 的协同效应；（3）提升时代新材现有的业务规模和市场占有率。

二　并购标的估值与定价分析

（一）并购标的估值

1. 标的资产的预估值[②]

时代新材以 2013 年 12 月 31 日为基准日，基于该项目属于业务收购，交易双方关注的是所并购业务的未来经营盈利能力，而收益法正好是以评估对象带来的未来预期收益的现值来估值的理由，选择了收益法进行标的资产的预估值。具体如下：

（1）评估模型

自由现金流量模型

（2）计算公式

$$\text{企业整体价值} = \text{企业自由现金流量折现值} + \text{溢余资产及非经营性资产价值} \qquad (5-3)$$

① BOGE 德国相关业务资产主要由达梅、西梅尔恩、波恩三个非法人工厂及其他无形资产构成，BOGE 管理总部位于达梅工厂。

② 主要内容来自《株洲时代新材料科技股份有限公司重大资产购买预案》。

股东全部权益价值 = 企业整体价值 - 有息债务 (5-4)

式（5-4）中有息债务是指基准日账面上需要付息的债务，包括短期借款、应付债券、一年内到期的长期借款以及长期借款等。

（3）收益期的确定

时代新材的此次评估以永续年期作为收益期。其中，第一阶段为2014年1月1日至2018年12月31日，在此阶段根据时代新材的经营情况进行预测；第二阶段为2019年1月1日至永续经营，在此阶段各个企业均按保持2018年预测的稳定收益水平考虑。

（4）自由现金流量的确定

自由现金流量 = 税后净利润 + 折旧与摊销 + 利息费用（扣除税务影响）- 资本性支出 - 净营运资金变动

（5）收益法的评估公式

$$P = \sum_{i=1}^{n} \frac{A_i}{(1+R)^i} + \frac{A}{R(1+R)^n} - B + OE \qquad (5-5)$$

式（5-5）中：

P——企业净资产评估价值；

A_i——第一阶段2014年1月1日至2018年12月31日对应年份的企业自由现金流量；

A——2019年1月1日至永续经营的企业自由现金流量即2018年的企业现金流量；

R——折现率；

n——第一阶段的年限（2014—2018），即5年；

B——BOGE在评估基准日2013年12月31日的付息债务；

OE——BOGE在评估基准日2013年12月31日的非经营性、

溢余资产与负债总和的现值。

（6）折现率 R 的确定

由于在此次评估中收益额口径采用的是企业自由现金流量，所以折现率对应的选取加权平均资本成本（WACC）。

$$WACC = Ke \times \frac{E}{D+E} + Kd \times \frac{D}{D+E} \times (1-T) \qquad (5-6)$$

式（5-6）中：

Ke——指目标权益资本报酬率；

$\frac{E}{D+E}$——权益资本比率；

Kd——目标付息债务成本；

$\frac{D}{D+E}$——付息债务资本比率，权益资本比率和付息债务资本比率根据企业目标资本结构确定；

T——所得税率。

其中，

$$Ke = R_f + \beta \times (R_m - R_f) + R_c \qquad (5-7)$$

式（5-7）中：

R_f——无风险报酬率；

R_m——市场期望收益率；

β——企业风险系数；

R_c——企业特定风险调整系数。

在此次预估中，时代新材采用的折现率（即 WACC）区间为 10.5%—11%。具体的通过查询长期国债利率确定无风险利率、选择可比公司确定 β 值、从股票市场获取市场风险溢价水平、根据企业实际执行的贷款利率确定债务成本，然后将各个参数代入资本资产定价模型计算出本次的折现率。

时代新材以目标资产商业计划书中所列示的未来经营数据为基

础，结合其他相关信息，采用评估中的收益法计算模型最终所确定的评估值是203730.92万元。预估值较交易标的账面净资产（未经审计）汇总数的增值率为115.27%，其认为主要原因为：商业计划书中采用将生产线从高成本国家转移至低成本国家、降低采购成本和人工费用等方式提高未来年度企业的盈利能力；同时BOGE中国上海公司的收入规模和盈利能力等有待进一步的提高。

2. 最终评估值确定①

上述预估值并非最终确定结果，最终评估值需要以经国资监管部门备案的评估报告为准。时代新材聘请了中水致远进行评估，出具了《资产评估报告》（中水致远评报字〔2014〕第1046号）并经过了评估备案。

根据《重大资产购买报告书》，中水致远在评估BOGE资产价值时，同时采用了收益法和市场法进行评估。其中市场法综合采用了可比交易案例法和可比上市公司法进行评估，首先采用上市公司比较法取得各类比较参数，确定了多元线性回归方程系数；然后利用可比交易案例的数据，来测算确定综合流动性与控股权折扣率或溢价率。收益法基于时代新材对未来的分析预测数据，以及BOGE模拟的历史经营财务资料进行估算。

市场法下，标的资产的评估价值是178017.97万元，较账面价值增值110473.82万元，增值率为163.56%；收益法下，标的资产的评估价值是148959.78万元，较账面价值增值81415.63万元，增值率为120.54%。

由于市场法能够相对客观地反映资产目前的市场情况，而且评估结果易于被各方理解和接受，因此，市场法评估结论更能体现

① 主要来自《株洲时代新材料科技股份有限公司重大资产购买报告书（草案）》。

评估对象的市场价值。所以中水致远最终选择了市场法的评估结果作为评估报告价值。市场法估算过程具体如下：

（1）可比交易案例法

①选择可比参数

中水致远采用可比交易案例法确定比较参数，具体选择了襄轴卢森堡投资有限公司收购 FLT 公司 89.15% 的股权，日本东海橡胶工业株式会社收购 Anvis 集团 100% 的股权以及日本日清纺株式会社收购 TMD 集团 100% 的股权来作为可比案例，采用了 EV（企业价值）/EBITDA（息税折旧及摊销前利润）、EV（企业价值）/EBIT（息税前利润）和 EV（企业价值）/年收入 3 个参数作为具体对比参数来测算他们企业与市场价值 EV 的关系（见表 5－5）。

表 5－5　　　　可比交易案例参数的确定

项目	襄轴卢森堡投资有限公司收购 FLT 公司	日本东海橡胶工业株式会社收购 Anvis 集团	日本日清纺株式会社收购 TMD 集团
交割日	2013 年 8 月 5 日	2013 年 5 月 28 日	2011 年 11 月 29 日
币种	人民币	欧元	欧元
成交价	203275600	135000000	440000000
收购比例	89.15%	100%	100%
EV	404592634.18	198000000	600000000
EBITDA	33011343.80	195000000	71000000
EBIT	16874823.83	10000000	35715000
EV/EBITDA	12.26	10.15	8.45
EV/EBIT	23.98	19.80	16.80
EV/年收入	0.8	0.65	0.94

资料来源：根据时代新材公开披露信息整理。

基于上述 3 个参数以及评估基准日前一年 BOGE 的 EBITDA、年收入和 EBIT 分别进行 BOGE 评估价值的计算：

表5-6　　基于BOGE评估价值的计算

比率类型	平均值	BOGE相关财务参数	BOGE企业评估值（千欧元）	欧元兑人民币	BOGE企业EV评估值（万元人民币）
EV/EBITDA	10.29	32512	334448	8.3493	279241
EV/EBIT	20.19	4653	78169	8.3493	78444
EV/年收入	0.8	673808	535692	8.3493	447265

资料来源：根据时代新材公开披露信息整理。

中水致远认为采用EV/EBITDA的方法估算出来的BOGE价值居中，是相对比较合适的评估值范围。

②确定最合适的可比交易案例公司

BOGE和Anvis集团的总部均在德国，而且产品和市场相似度很高。而且对比此3家交易案例被并公司的相关参数，发现Anvis的最接近三个案例的平均值。因此，中水致远选择了日本东海橡胶工业株式会社收购Anvis集团这一案例作为可比交易案例。

③修正可比参数

由于BOGE与Anvis集团两个交易案例不可能完全一致，因此需要对相关参数进行一定程度的修正，修正后的EV/EBITDA = 10.15 ×120.01% ×90.8% =11.07。

④交易案例法评估结论

企业价值EV = 11.07 ×32512 =359922.61千欧元

所以交易案例比较法的评估结论是在评估基准日2013年12月31日BOGE企业价值EV的市场价值为359922.61千欧元，折算为人民币300510.19万元。

（2）上市公司比较法

中水致远选定了时代新材（600458）、德国大陆集团、日本东海橡胶、美国库博标准、中国的中鼎股份（000887）和中国美晨科技（300237）6家可比上市公司来进行估算。方法简介如下：

①首先选择可比参数，通过多元回归来测定EV/EBITDA与可比参数的关系，再将BOGE相关参数代入计算出对应的EV/EBITDA，然后再基于BOGE的EBITDA计算出BOGE的企业价值。②再通过可比交易案例相关参数加权平均的方法计算出BOGE的综合非流动性和控股权折扣率。③最后基于BOGE的企业价值和折扣率计算出评估结果。

BOGE企业价值EV的市场价值=优化的多元线性回归方程得出的评估时点BOGE是上市公司的企业价值EV×（1－BOGE所适用的综合流动性与控股权折扣率或溢价率）=434685.44×（1－18.25%）=296697.43（千欧元）

3. 市场法评估结果

（1）市场法评估BOGE企业价值EV的市场价值的确定

中水致远认为上市公司比较法综合了可比交易案例法和可比上市公司法两种方法的优点，因此采用了上市公司比较法的评估结果作为BOGE的企业机制EV。

即BOGE在评估基准日2013年12月31日企业价值EV为355356.05千欧元，折算为人民币296697.43万元。

（2）市场法对德国采埃孚集团的橡胶和塑料事业部整体业务的模拟所有者权益和达梅固定资产的市场价值的评估

BOGE模拟所有者权益市场价值=BOGE企业价值EV市场价值－企业权益性负债+现金=（355356.05－155122+8025）×8.3493=173881.73（万元人民币）

此外，本次交易范围内还有模拟财务报表范围外的德国达梅固定资产，其市场价值=3.40×12×8.15×14899=4954（千欧元）。

所以，BOGE模拟所有者权益和达梅固定资产价值市场价值=

173881.73 + 4954 × 8.3493 = 178017.97（万元人民币）

所以在市场法下，标的资产的评估价值为 178017.97 万元（213213.05 千欧元）。较账面价值 67544.15 万元增值 110473.82 万元，评估增值率 163.56%。

类似地，中水致远还采用了收益法进行评估，分别估算企业的自由现金流量、折现率等参数，估算出评估对象的评估值为 148959.78 万元（178410 千欧元），较评估基准日账面净资产值人民币 67544.15 万元增值人民币 81415.63 万元，评估增值率 120.54%。中水致远综合比较了两种方法的优缺点及适用条件，最终选择了市场法的评估结果。

（二）并购标的定价

在 2013 年 12 月 11 日（中水致远出具评估报告之前），时代新材与交易对方签订了主购买协议（Master Purchase Agreement，简称 MPA），该协议约定的交易价格计算如下：（1）290000000 欧元的固定金额（“基础金额”）[①]；（2）减去在生效日存在的生效日金融债务总额；（3）加上在生效日存在的生效日现金总额；（4）加上生效日贸易营运资金的总额超出目标贸易营运资金的金额，或者减去生效日贸易营运资金的总额低于目标贸易营运资金的金额。

最终，双方基于最终购买价款的计价约定，结合 MPA 生效日相关现金、金融债务、营运资金金额等事项对交易购买价格进行了调整。经多次沟通和谈判，双方于 2015 年 6 月 30 日签署了《生效日最终声明》，最终确定本次收购的购买价款为 238635209 欧元（时代新材于 2014 年 9 月 17 日支付了初始购买价款 244700000 欧

① 根据双方约定，固定金额的计算方式为平均“经调整及正常化的” 2012—2014 年 EBITDA + 2500000 欧元之和的 8 倍。其中 2012 年的 EBITDA 以实际数额和 2500 万欧元较高者为计算依据。在该计算方式上，双方协商固定金额为 2.9 亿欧元。

元，德国采埃孚集团又退还公司6064791欧元）。

（三）标的估值与定价分析

估值的关键在于相关参数的确定，收益法中预期的现金流、折现率、时间是估算企业价值的关键。市场法中根据可比案例以及可比上市公司确定被并购方的价格时，基于不同的状况确定校正参数（调整参数）等成为估算的关键。由于参数的选择具有一定的主观性，因此选择有经验的中介服务机构或者采用不同的估值方法（如同时采用收益法和市场法）同时评估，通过对比评估结果，分析不同的原因，则能在一定程度上减少主观性带来的高估风险，确定出合理的评估价值。

在确定交易价格时，应基于客观合理的评估价值，以降低因高估标的资产而埋下财务风险隐患的可能性。在本案例中，企业在签署主购买协议时，仅有预估值的结果，而在后续到国资委备案时，才有经具有证券评估资格的中水致远出具的评估报告。相比于中水致远的估值，预估值有明显的高估（见表5－7）。最后确定交易价格时，虽然经过协商，主购买协议的价格有所调整，但相比于中介服务机构的评估价格仍然高估，对时代新材的经营埋下了财务风险隐患。

采用王竹泉等（2019）的财务衡量方法，[①] 表5－8和表5－9分别计算了时代新材2013—2017年的资本负债率和资本杠杆。由表5－8知，相较于2013年，2014年并购当年，时代新材的资本负债率显著增加，由0.14升至0.47。随后几年，时代新材的资本负债率一直维持在0.40左右。由表5－9可知，在并购德国BOGE后，时代新材的资本杠杆也在不断升高。这说明，对标的过高的

① 参见本书第92页。

估值致使并购德国 BOGE 后时代新材的财务风险不断增加。

表 5－7　　BOGE 标的资产估值与定价表　　单位：千欧元

	预估值（收益法）	中水致远市场法	中水致远收益法
标的资产估算价值	244010	213213	178410
以 10% 折现率折算至 2014 年 9 月 17 日	261430	228434	191146
支付价款	238635	238635	238635
差额	－22975	10201	47489

资料来源：根据时代新材公开披露信息整理。

表 5－8　　并购前一年至并购后两年时代新材资本负债率　　单位：%

年份	2013	2014	2015	2016	2017
资本负债率	14	47	40	36	37

资料来源：根据时代新材公开披露信息整理。

表 5－9　　并购前一年至并购后两年时代新材资本杠杆

年份	2013	2014	2015	2016	2017
资本杠杆	1.16	1.89	1.68	1.56	1.58

资料来源：根据时代新材公开披露信息整理。

埋下的财务风险隐患在 2019 年开始爆发。2019 年 3 月 19 日，时代新材发布预告称，德国 BOGE 合并层面最终确认商誉减值 6785 万欧元，影响公司合并报表净利润减少人民币 52987 万元，导致公司 2018 年度预计实现归属于上市公司股东的净利润由盈转亏。

三　并购融资方案

本次交易为现金收购。收购资金来源为银行贷款和公司自筹资金。时代新材分别同中国银行法兰克福支行签订了金额为1亿欧元的商业借款协议，同法国兴业银行香港分行签订了1.03亿欧元的商业借款协议。时代新材债务规模大幅增加，其承担的利息费用和相关费用也随之增加，这对时代新材的经营埋下了一定的财务风险隐患。

四　结论和建议

并购活动中，合理的并购价格是并购成功的关键要素。国内企业作为出价方，出价过低，不能达到境外企业的心理预期，则交易不能成功；出价过高，目标企业不能产生预期的收益，则会恶化企业将来的财务报表状况，即埋下财务风险隐患。时代新材并购德国BOGE时，企业采用收益法对并购标的的估值是244010千欧元（相对标的资产账面净值增值率为201.62%），聘请的中介机构中水致远采用市场法估值是213213千欧元（相对标的资产账面净资产增值率为163.56%），采用收益法估值是178410千欧元（相对标的资产账面净值增值率为120.54%）。中水致远给出的是市场法—上市公司比较法的估值建议。然而，时代新材在开始定价的时候，以自身收益法的估值为基础进行定价（中介机构的评估报告出具时点滞后于定价时点），最终并购德国BOGE的收购价确定为238635千欧元，相对账面净资产的增值率是194.98%，实在不低。最后的成交价格比中介评估的多种方法中的最高价格还高出了12%。过高的估值并形成的过高的成交价格，给时代新材埋下了巨大财务风险隐患。时代新材并购德国BOGE的案例表明：

（1）评估价值实质上是主并企业对于目标企业能为企业带来盈利的预期，由于未来的不确定性，在选择相关参数时具有一定的主观性。此时选择多种评估方法同时评估（如同时采用市场法和收益法），对比分析评估结果的差异，进一步分析参数确定的合理性，则可以减少这种主观性，降低财务风险。

（2）由于中介服务机构具有丰富的经验，而评估活动的主观性又非常高，因此在签署购买协议时，应尽可能以有经验的中介服务机构客观合理的评估报告为基础确定交易价格，以降低财务风险潜伏的可能性。

第三节　估值与定价案例研究
——长电科技并购星科金朋

江苏长电科技股份有限公司（以下简称长电科技）是民营企业，其收购虽然不需要经过国资委的备案，也不必经过有证券评估资格的中介机构的评估，但并购价格的确定仍应以客观合理的估值为基础。但是，在此次收购中，长电科技交易价格的确定并没有进行资产评估，也没有以评估报告为依据。长电科技披露称收购价格的确定因素包括目标公司的净资产、市值、技术、品牌和渠道价值以及收购完成后的协同效应等。海外并购的高信息不对称程度使得协同效应等因素的定价更具主观性，更有可能因定价过高而带来高财务风险。在交易价格既定的前提下，为了验证交易价格的合理性，长电科技才聘请中金公司进行了估值。估值并没有发挥应有的定价基础性作用。自收购实施之后，此次收购带来的财务风险逐渐爆发。STATS ChipPAC Ltd（以下简称星科金朋）（标的资产）自收购之后逐年亏损，不断的恶化着长电科技的财务状况。2018 年 3.7 亿元的商誉减值以及星科金朋 18.4 亿元的经营亏损导致了长电科技整体的由盈转亏。

一　案例简介

（一）并购参与方概况

1. 长电科技简介

长电科技是一家以集成电路、分立器件的封装、测试与销售以及分立器件的芯片设计、制造为主营业务的民营上市公司。长电科技第一大股东是江苏新潮科技集团有限公司（以下简称新潮集团）。其董事长王新潮以 50.99% 的股权绝对控股新潮集团，为长电科技的实际控制人。具体股权结构如图 5－2 所示。

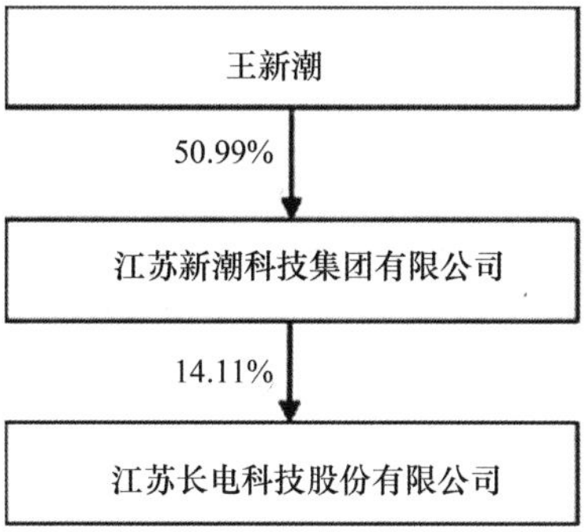

图 5－2　长电科技股权结构

资料来源：根据长电科技公开披露信息整理。

2. 星科金朋简介

星科金朋为新加坡上市公司，是世界排名前列的半导体封装测试公司，为客户提供半导体解决方案。目标公司业务按照产品类型主要分为先进封装、焊线接合封装和测试服务三块。从终端用户市场看，目标公司业务主要分为通信，消费者、多应用及其他，以及个人电脑。从地域分布来看，目标公司的业务主要在美国、欧洲和亚洲开展。

3. 芯电半导体简介

芯电半导体（上海）有限公司（以下简称芯电半导体）是从事半导体集成电路的芯片制造、针测及测试的企业。芯电半导体的实际控制人中芯国际是国内规模最大，有着国内最强的芯片制造和研发能力的集成电路晶圆代工企业。

4. 产业基金简介

国家集成电路产业投资基金股份有限公司（以下简称产业基金）成立于2014年，投资领域包括集成芯片制造业、芯片设计和封测产业等标的。产业基金作为财务投资者，为投资对象提供资金，在时机成熟时，会择机退出，不会与投资对象争夺控制权。

（二）并购流程概述

2014年12月30日，长电科技向星科金朋发出收购要约。2015年4月21日，星科金朋股东大会审议通过台湾子公司重组。2015年8月5日，星科金朋台湾子公司重组完成，星科金朋纳入合并范围。2015年10月15日，长电科技完成对星科金朋的收购。

（三）并购方案概要

本次并购交易为联合要约收购。联合收购方分别为长电科技、芯电半导体和星科金朋。标的资产是星科金朋全部股权（不含台湾子公司，在收购之前进行剥离），由长电科技设立的子公司长电新朋在新加坡成立的收购主体公司JCET-SC（Singapore）Pte. Ltd.（以下简称JCET-SC），以自愿有条件全面要约收购的方式进行收购，要约总对价为7.8亿美元（对应每股星科金朋股票收购价格约为0.466新元），全部以现金支付。

（四）并购动因分析

依据企业的公告，长电科技本次并购的动因是：（1）提升国际影响力及行业地位；（2）拓展海外市场，扩大客户基础；（3）获得先进封装技术，提升研发实力。

二　并购标的的定价与估值分析

（一）定价方式

长电科技在重大资产购买报告书中披露，因标的资产的定价方式是基于目标公司为新加坡证券交易所上市公司，此次收购的交易价格没有进行资产评估，也不以评估报告为依据。长电科技披露称收购价格的确定因素包括目标公司净资产、市值、技术、品牌和渠道价值以及收购完成后的协同效应等。最终确定的总交易对价为7.8亿美元，约合10.26亿新加坡元（按照2014年12月19日美元对新元汇率中间价：1美元折合1.31505新元计算）。

（二）标的资产估值①

2014年12月26日，长电科技在第五届第二十三次临时董事会审议通过了本次要约收购的具体方案（已经进行定价）及相关事宜的基础上，为了给上述经济行为提供价值参考意见，分析本次收购的价格是否合理、是否存在损害上市公司及其股东利益的情形，委托中国国际金融有限公司进行估值。

中国国际金融有限公司认为因缺乏相关可靠的财务预测数据，无法采用现金流折现法进行估值分析。因此，其采用了可比公司法进行估值分析，详情如下。

与星科金朋可比的公司（见表5－10）包括日月光、Amkor、

① 主要内容来自中国国际金融有限公司关于江苏长电科技股份有限公司重大资产购买之估值报告。

矽品及力成科技等海外半导体委外封装测试公司。由于半导体委外封装测试行业对资本投入的依赖程度及资本支出相对较高，而星科金朋目前资产中包括大量无形资产，采用P/TBV（即扣除无形资产的市净率）估值具有可比性与可参考性。另外，由于缺少最近12个月剔除台湾子公司的历史备考EBITDA（息税折旧摊销前利润）数据且目标公司净利润为负，因此无法使用历史P/E与EV/EBITDA指标进行估值分析。

表5－10　　行业内可比公司P/TBV倍数

上市公司	上市地	P/TBV
		基于2014年9月末扣除无形资产的净资产
日月光	中国台湾、美国（ADR）	2.43
矽品	中国台湾、美国（ADR）	2.23
Amkor	美国	1.50
力成科技	中国台湾	1.47
均值		1.91

资料来源：根据上市公司公开披露信息整理。

根据标的资产在2014年9月末扣除无形资产后的净资产为39562.1万美元，可以估算其价值为39562.1×1.91＝7.56亿美元。

（三）并购定价与估值分析

与时代新材不同的是，由于长电科技是民营公司，所以其收购并不需要经过国资委的备案，也不必经过有证券评估资格的中介机构的评估，但并购价格的确定仍应以客观合理的估值为基础。然而，在此次收购中，长电科技交易价格的确定并没有进行资产评估，也没有以评估报告为依据。

长电科技披露称收购价格的确定因素包括目标公司的净资产、市值、技术、品牌和渠道价值以及收购完成后的协同效应等。由于海外并购中的标的较高的信息不对称程度使得涉及对未来双方经营活动估计的协同效应等因素的定价更具主观性。如果缺乏有经验的专业人员，很容易导致标的方定价过高，给企业未来的经营活动埋下财务风险隐患。

在已经定价的前提下，为了给自己的经济行为提供价值参考意见，分析收购的价格是否合理、是否存在损害上市公司及其股东利益的情形，长电科技委托中国国际金融有限公司进行了估值。在价格既定的情况下，委托方委托中国国际金融有限公司估值，我们有理由相信受托方为了满足委托方对价格的需求而尽可能地接近委托方所想要的价格。在这样的情况下，中国国际金融有限公司的估值仍然略低于长电科技 7.8 亿美元的并购价格。这表明，长电科技的并购价格存在定价过高的可能性。

中国国际金融有限公司的估值报告与时代新材案例中中水致远的评估报告相比，较为简单，仅仅使用了市场法中的可比公司法确定了估值。而且，在估值的过程中，并没有对相关参数进行调整。

星科金朋自 2015 年 8 月 5 日起纳入长电科技的合并报表，星科金朋的可辨认净资产在购买日的公允价值约为人民币 45.6 亿元，产生了约人民币 23.2 亿元的巨额商誉。星科金朋在被长电科技要约收购前已经处于亏损状态，而长电科技的要约价格又比星科金朋的公允价值高出 23.2 亿元，这进一步反映了长电科技定价过高。

采用王竹泉等（2019）的财务衡量方法，[①] 表5－11和5－12分别衡量了长电科技并购前后资本负债率和资本杠杆的变化情况。由表5－11、表5－12可知，并购后长电科技的资本负债率和资本杠杆大幅度上升。资本负债率由2014年并购前的46%上升至2017年的60%；资本杠杆则由并购前的1.86上升至2017年的2.52。这说明，过高的估值增加了企业的财务风险。

表5－11　　并购前一年至并购后两年长电科技资本负债率　　单位：%

年份	2014	2015	2016	2017
资本负债率	46	64	71	60

资料来源：根据长电科技公开披露信息整理。

表5－12　　并购前一年至并购后两年长电科技资本杠杆

年份	2014	2015	2016	2017
资本杠杆	1.86	2.77	3.50	2.52

资料来源：根据长电科技公开披露信息整理。

不断增加的财务风险也使得长电科技的业绩和财务状况不断恶化。星科金朋在2015年8—12月的净利润亏损达人民币3.3亿元；2016年利润亏损为人民币5.7亿元；2017年亏损扩大至人民币7.7亿元；2018年亏损扩大至人民币18.4亿元，长电科技也因此整体由盈转亏。长电科技在2019年4月27日发布公告称收购星科金朋产生的商誉计提减值约为人民币3.7亿元。总的来说，收购星科金朋并没有发挥预期的协同效应，这次收购的标的资产不断

① 参见本书第92页。

恶化长电科技的财务状况，给长电科技带来了财务风险。

三　并购融资方案

（一）并购融资情况

此次收购的交易总对价为7.8亿美元，约合47.74亿元（2014年12月19日：1美元=6.1205元）。长电科技引入产业基金和芯电半导体两家投资者，与他们签订相关投资协议，以确保他们的成功退出。长电科技的融资结构如图5-3所示。

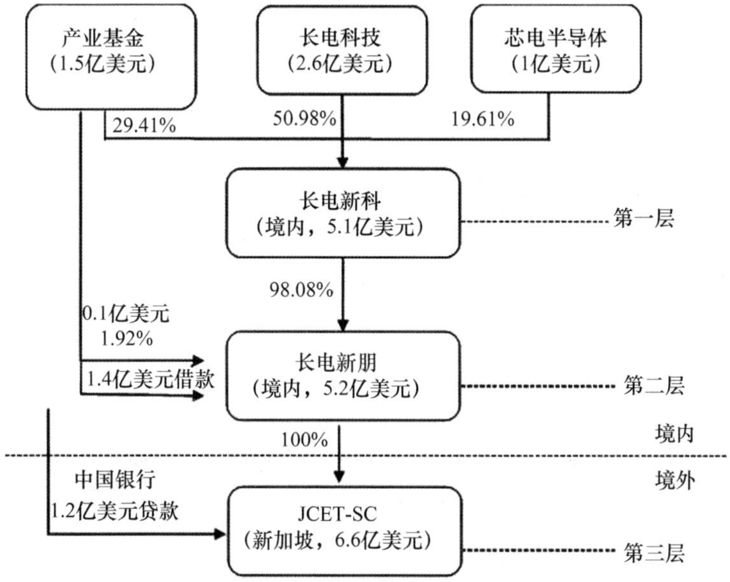

图5-3　长电科技融资结构

资料来源：根据长电科技公开披露信息整理。

首先，长电科技出资2.6亿美元、产业基金出资1.5亿美元和芯电半导体出资1亿美元，共出资5.1亿美元成立第一层SPV——长电新科。长电科技控制长电新科，其持股比例为50.98%；然后，长电新科出资 5.1 亿美元，产业基金投入 0.1 亿美元，两者共出资 5.2 亿美元成立了第二层 SPV——长电新朋。长电新科控制长电新朋，持股比例为 98.08%；然后，长电新朋从产业基金借入 1.4 亿美元借款（贷款于 2015 年 11 月转为股份，产业基金持有长电新朋的比例变更为 22.73%），共出资 6.6 亿美元，在新加坡成立 JCET-SC；然后由 JCET-SC 向中国银行借入 1.2 亿美元贷款，共筹得 7.8 亿美元用以收购标的资产。

（二）联合投资者的退出

2016 年 4 月 29 日，长电科技向产业基金和芯电半导体发行股票，分别购买其持有的长电新科 29.41% 的股权、长电新朋 22.73% 的股权和长电新科 19.61% 的股权。交易完成之后，长电科技董事会有 9 名董事席位，产业基金占据 2 名非独立董事席位；芯电半导体占据 2 名非独立董事席位；新潮集团占据 2 名非独立董事席位；剩余 3 名为独立董事。本次交易之后，联合投资者虽然退出，但是新潮集团也丧失第一大股东位置，其股权结构如图 5－4 所示。

在此次收购中，并购资金需求量较大，长电科技通过引入联合投资者芯电半导体和产业基金的方式，避免了企业借入大量资金导致债务杠杆率过高的问题，而在之后由长电科技向联合投资者发行股票，联合投资者成功退出。值得注意的是发行股票之后，长电科技的第一大股东由新潮集团变更为芯电半导体。

四　结论与建议

长电科技公告称根据目标公司净资产、市值、技术、品牌和渠道价值以及收购完成后的协同效应，在没有获得充分信息支持下很快就最终确定总交易对价为 7.8 亿美元，约合 10.26 亿新加坡

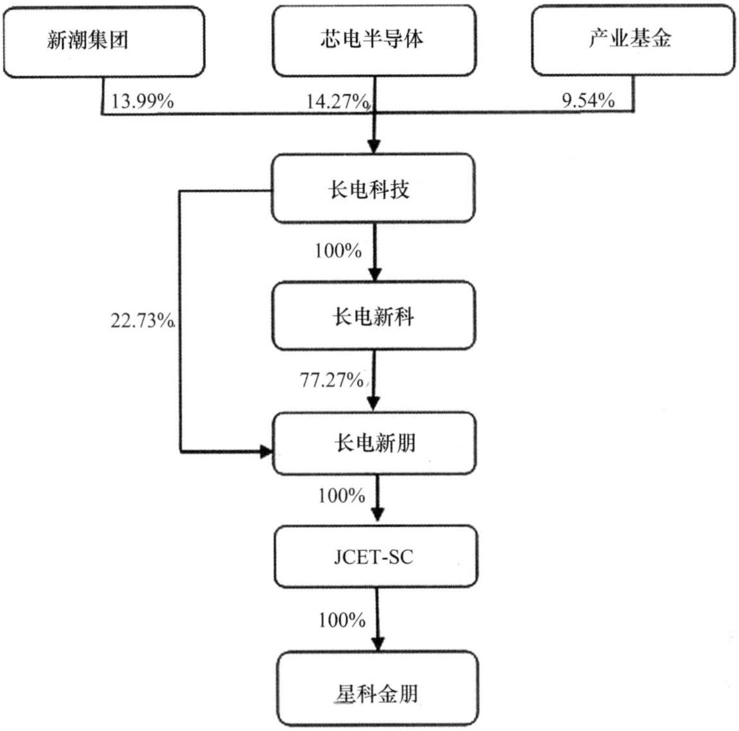

图 5－4　联合投资者退出后的股权结构

资料来源：根据长电科技公开披露信息整理。

元。然后，聘请中国国际金融有限公司作为中介，采用可比公司法得到的标的估值约为 7.56 亿美元。很显然这个估值是比较草率而且过高的。过高的估值和定价，导致了并购后企业的财务风险。星科金朋自收购之后的逐年亏损，不断恶化着长电科技的财务状况。2018 年商誉计提的人民币 3.7 亿元的商誉减值以及星科金朋人民币 18.4 亿元的亏损导致长电科技整体也由盈转亏。长电科技的案例表明：

（1）标的资产价格的确定理应以客观合理的估值为基础来确定，不能仅仅以理想状态下标的资产预期所能带来的收益为基础盲目地主观确定，要更多地考虑经济环境、标的资产特点等因素的影响进行科学估值。

（2）海外并购中较高的信息不对称程度使得涉及未来双方经营活动估计的协同效应等因素的定价更具主观性。如果缺乏有经验的专业人员的参与，很容易导致标的方定价过高，给财务风险潜伏进企业留下机会。

（3）海外并购中并购价格的确定最好还是聘请具有丰富经验的资产评估机构参与。由评估机构在经审计的双方财务报表数据的基础上，对相关参数做出客观合理的估计。企业不能出于节约评估费用等理由而不以评估价值为基础确定并购价格，给企业未来的经营带来更大的损失。

第四节　中国企业海外并购标的估值与定价风险防范

在海外并购活动中，并购标的的估值与定价是个核心问题。中国企业作为并购方，如果出价过低，就不能达到海外被并目标企业的心理预期，交易就不能成功；出价过高，将来目标企业不能产生预期的收益，就会恶化中国企业未来的财务状况，埋下财务风险隐患。估值是定价的基础，先有估值，后有定价。请谁来估？选择什么方法估？对估值方法中的核心参数怎么估计和预测？这些因素都会影响估值。估值很大程度上又会影响定价。

并购标的定价是基于标的估值并购双方谈判博弈的结果。价格高，对卖方有利，对买方不利；价格低，对卖方不利，对买方有利。怎么找到一个双方都可以接受的合理的均衡价格，依靠并购双方掌握的相关信息和谈判的技巧。并购谈判的定价主要是溢价部分，溢价取决于并购双方对并购后可能产生的协同效应的预测。并购后的事情，充满了各种不确定性，谁也无法准确预测。这也使得并**购标的的估值和定价变成了一个其实并购双方都无法准确做到，但又必须去做的事情**。**让专业人士去做可能会相对降低估值和定价太过离谱带来的风险**。

时代新材并购德国 BOGE 的案例研究表明，企业采用**收益法**对并购标的的估值是 244010 千欧元（相对标的资产账面净值增值率 201.62%），聘请的中介机构中水致远采用收益法给出的估值是 213213 千欧元（相对标的资产账面净资产增值率 163.56%），中介采用市场比较法给出的估值是 178410 千欧元（相对标的资产账面净值增值率 120.54%），最后中水致远给出的是市场比较法——上市公司比较法的估值建议。然而，时代新材在开始定价的时候，却是以自身收益法的估值为基础进行定价（中介机构的评估报告出具时点晚于定价时点）。时代新材并购德国 BOGE 的收购价最后确定为 238635 千欧元，相对账面净资产的增值率是 194.98%，实在不低。最后的成交价格比中介评估的多种方法中的最高价格还高出了 12%。**过高的估值和过高的成交价格，给中国并购方企业埋下了巨大财务风险隐患**。果不其然，时代新材的财务风险在 2019 年开始爆发。2019 年 3 月 19 日，时代新材发布预告称，经德国 BOGE 管理层与外部审计师就商誉减值测试多轮沟通，2019 年 3 月 17 日，德国 BOGE 合并层面最终确认商誉减值 6785 万欧元，影响公司合并报表净利润减少人民币 52987 万元，导致公司 2018 年度预计实现归属于上市公司股东的净利润由盈转亏。

本章第二个案例，即长电科技收购星科金朋的研究表明，其根据目标公司净资产、市值、技术、品牌和渠道价值以及收购完成后的协同效应，在没有获得充分信息支持下很快就最终确定的总交易对价为7.8亿美元，约合10.26亿新加坡元（按照2014年12月19日美元对新元汇率中间价：1美元折合1.31505新元计算）。然后，聘请中国国际金融有限公司作为中介，采用可比上市公司法得到的标的估值为7.56亿美元。**很显然这个估值也是比较草率而且过高的**。**过高的估值和定价，导致了并购后企业的财务风险**。星科金朋自2015年8月5日起纳入长电科技的合并报表，星科金朋的可辨认净资产在购买日的公允价值约为人民币45.6亿元，产生了约人民币23.2亿元的巨额商誉。星科金朋在被长电科技要约收购前已经处于亏损状态，而长电科技的要约价格又比星科金朋的公允价值高出人民币23.2亿元，这进一步反映了长电科技定价过高。**长电科技高定价隐藏下的财务风险在并购完成后逐步爆发**。星科金朋在2015年8—12月的净利润亏损达到人民币3.3亿元；2016年利润亏损为人民币5.7亿元；2017年亏损扩大至人民币7.7亿元；2018年亏损扩大至人民币18.4亿元，长电科技也因此整体由盈转亏。

我们从东山精密海外并购案例中，看到东山精密对收购标的的估值采用收益法和市场法，但是市场法估值高于收益法估值，东山精密与被并购方谈判中提出市场法基于的市场基础受干扰比较多，市场波动性比较大，随后并购双方达成采用了收益法的估值确定了对价，顺利完成了收购，而且收购后获得了比较好的效益。

综上所述，中国企业在海外并购中对标的的估值**主要采用收益法和市场可比法**，但市场法估值过高，对卖方更为有利，对并购方不利。因为市场可比法要求市场基础可比，用来比较的上市公司可比。如果不可比，或者依据的资本市场存在很大差异和不确定性，市场可比法的高估值结果就会给并购方企业带来很大风险。中国企业应尽量采用**收益法—折现现金流量法**作为其估值方法。以收益法估值作为基础，在充分了解信息的基础上，尽量压低并购成交价格，防范高溢价风险。

第六章　中国企业海外并购的融资与支付风险研究

第一节　融资方案与支付方式理论分析

一　中国 A 股上市公司海外并购融资方式及风险分析

根据海外并购资金来源渠道的不同，可以将融资方式大致分为内源融资方式和外源融资方式两大类，外源融资方式还可以进一步细分为债务融资方式、股权融资方式、混合融资方式和特殊融资方式等，具体见如图 6－1 所示。

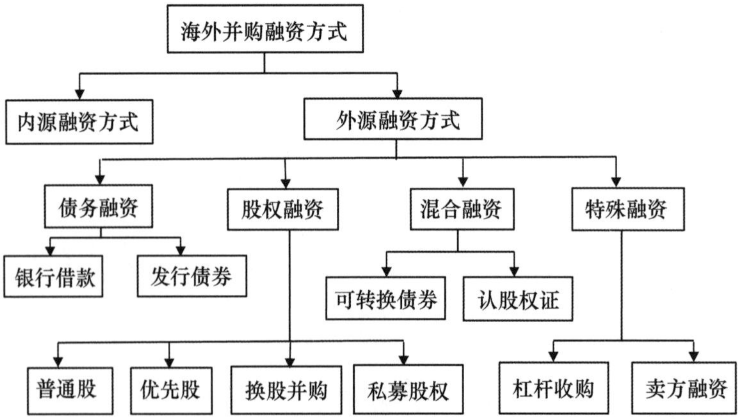

图 6－1　海外并购融资方式

资料来源：作者整理。

（一）内源融资方式

内源融资方式也称为内部融资方式，是指来自企业内部自由资金的筹资方式。企业通过内部经营活动产生的资金，比如企业经营活动创造的利润，企业经营活动产生的现金净流入，一般由企业的留存未分配利润和折旧组成。企业内源融资具有自主性、原始性和风险小的特点，但企业内部自由资金也存在融资的机会成本，特别在经济比较景气、投资机会比较多的情况下。

（二）外源融资方式

外源融资是到企业外部筹措资金的融资方式。一般海外并购的资金需求量大，外源融资方式是其主要的融资方式，外源融资方式，是用外面（外部投资者或债权人）的钱，做自己的事情，与内源融资方式相比，显然有更大的责任，也具有更大的风险。以下主要对外源融资方式进行详细分类阐述。

1. 债务融资方式

债务融资方式是指通过向银行、机构投资者或个人借款，或者通过发行出售企业的票据、债券，从而募集企业所需要的并购资金的融资方式。银行、机构投资者或者个人在向企业出借资金后，成为企业的债权人，享有企业到期还本付息的收益。债务融资方式包括银行的借款融资方式和发行债券融资方式。

（1）银行借款融资方式。

银行借款融资方式在上市公司的海外并购中应用较为广泛，政府在鼓励商业银行推进并购贷款方面起到非常重要的作用。2008年，中国银监会在法规中规定商业银行发放并购贷款总时长原则上不超过五年，并购贷款占并购交易价款的比例不应超过50%。2015年2月10日，中国银监会修订了《商业银行并购贷款风险管理指引》，其中规定商业银行并购贷款发放总时长原则上不超过七年，并购贷款占并购交易价款的比例不应该高于60%。新规定比旧规定在贷款时间上延长了2年，贷款总金额限制从50%放宽到60%。总的来讲，修订对贷款管制有适当的放松，这体现了国家货币政策层面对海外并购的金融支持。从财务风险角度看，银行借款融资直接增加了借款企业的负债，提高了企业的财务杠杆，增加了企业的财务风险。

（2）债券融资方式

债券融资方式是指并购方按照法定程序发行、承诺按期向债券持有者支付利息和偿还本金的融资方式。债权融资是资本市场融资的重要方式，也是上市公司海外并购必不可少的融资方式。债券融资因为受到经济发展环境和相关配套制度政策的制约，较银行借款融资，特别是商业银行借款融资和发行股票融资相对缓慢。不断推出的相关政策措施，以及不断完善的法律法规，将为上市公司债券融资提供制度保障。例如，中国证监会2007年颁布实施的《公司债券发行试点办法》针对上市公司发行债券的条件和程序、债券持有人权益保护和监督管理等方面都做了详细规定。2015年中国证监会颁布了《公司债券发行与交易管理办法》，进一步对上市公司债券的发行和交易转让等做出了更细致的规定。这些法规的出台有利于维护投资者的合法权益，有利于促进上市公司海外并购的债券融资。从财务风险角度看，债券融资方式也直接增加了发行公司的负债，增加了企业的财务杠杆，增加了企业的财务风险。

2. 股权融资方式

股权融资是企业通过扩大企业的股权，即所有权从而获得的资金。股权融资方式具体包括发行普通股融资、发行优先股融资、通过换股并购方式融资和通过私募股权融资。

（1）发行普通股融资

普通股股票是股息随着上市公司的利润变动而变动的股票，是构成上市公司股东权益资本最为基础的部分。普通股股东享有股利分红、剩余财产分配、优先承购新股和公司管理的权利，同时也承担不能退股、公司破产清算风险等义务。发行普通股股票融资是上市公司融资并购资金最直接和最有力的手段。一般上市公司都是选择定向增发来筹集发行普通股融资资金。普通股融资会产生较高的发行费用和融资成本。普通股融资虽然不会增加企业的财务杠杆，但存在控制权稀释的风险。

（2）发行优先股融资

优先股介于普通股和债券之间，具有股权和债券的双重特性。是兼具普通股和债券特点的融资工具。优先股与普通股不同的是，在股息分配和公司剩余索取权上都优先于普通股股东，是构成公司股权资本的一部分。优先股股息率一般是固定的，这有点类似债券的固定利息率。优先股股东一般没有投票权，对公司控制管理权一般没有影响。受中国资本市场规则限制，中国A股上市公司在海外并购中采用优先股融资的还很少，几乎没有。优先股融资从风险角度看，既没有增加企业负债，不增加财务杠杆，也不影响企业的控制权，理论上风险是很小的。

（3）换股并购融资

海外并购中的换股并购融资是指并购方按照一定的比例将标的公司的股票换成自己的股票，从而终止标的公司，或者使其成为并购方的子公司。换股并购融资方式在中国A股上市公司海外并购实践中应用还比较少。一方面是因为部分国内上市公司的国际知名度不高，国外优质企业和海外投资者还不太愿意持有中国A股上市公司的股票；另一个方面是中国资本市场还不成熟、不健全。在国际上，在成熟资本市场上，换股并购融资方式常常被运用。从财务风险角度看，换股并购最大的好处是减少并购方现金支付的财务压力，同时又能获得标的公司的控制权，助力并购的成功实施。

（4）私募股权融资

私募股权融资是指利用基金管理公司从机构投资者或者个人募集的私募股本进行融资的方式。使用私募股权基金融资不仅能给上市公司并购方带来稳定的资金来源，还能提供企业管理、项目咨询等方面的服务，帮助并购方上市公司设计最优资本结构和融资结构、支付结构等，降低并购方企业的财务成本和财务风险。

私募股权投资运作模式，是从合格投资者处筹集资金，形成私募股权投资基金，然后把私募股权投资基金的资金投向实施海外并购的上市公司并购项目中，解决上市公司海外并购资金短缺困难。然后在上市公司并购后整合效益提升，上市公司股价增值时，在资本市场上获利退出，私募股权投资基金的投资收益再分配给合格投资者。

从风险角度看，私募股权融资仍是一种股权融资，不会增加企业的负债和杠杆，财务风险比较小。但私募股权融资，需要企业让渡其股权，这会产生控制权转移风险。

3. 混合融资方式

比较常见的混合融资方式是可转换债券和认股权证，它们既有债务性质，又有权益性质。

（1）可转换债券

可转换债券是债券持有人可按照发行时约定的价格将债券转换成公司的普通股股票的债券。如果债券持有人不想转换，则可以继续持有债券，直到偿还期满时收取本金和利息，或者在流通市场出售变现。如果持有人看好发债公司股票的增值潜力，在宽限期之后可以行使转换权，按照预定转换价格将债券转换成为股票，发债公司不得拒绝。该债券利率一般低于普通的债券利率，企业发行可转换债券可以降低筹资成本。可转换债券持有人还享有在一定条件下将债券回售给发行人的权利，发行人在一定条件下拥有强制赎回债券的权利。可转换债券具有期权性、债券性、回购性和股权性特征。对于海外并购的上市公司而言，可转换债券不仅能使其以比较低的融资成本获得融资所需资金，还可以降低直接发行股票融资时股权被稀释的风险。

（2）认股权证

认股权证是持有者购买上市公司股票的一种凭证，它允许持有认股权证的人按照某一特定价格在规定的时间内购买一定数量的公司股票，持有人可以行使该权利，也可以放弃该权利。认股权证不仅能帮助上市公司筹集所需要的并购资金，而且融资成本相对较低。中国 2005 年颁发的《证券交易所权证管理暂行办法》明确了权证上市发行条件和交易行权的具体细则，从政策上规范了认股权证的发行和交易。

4. 特殊融资方式

主要包括杠杆收购和卖方融资两种方式。

（1）杠杆收购

杠杆收购又称融资并购、举债经营收购，是指并购方利用收购目标公司的资产和未来现金收入作为债务抵押，收购目标公司的融资方式。杠杆收购的主体一般是专业的金融投资公司，投资公司收购目标企业的目的是以合适的价钱买下公司，通过经营使公司增值，并通过财务杠杆增加投资收益。通常投资公司只出小部分的钱，资金大部分来自银行抵押借款、机构借款和发行垃圾债券（高利率高风险债券），由被收购公司的资产和未来现金流量及收益作担保并用来还本付息。如果收购成功并取得预期效益，贷款者不能分享公司资产升值所带来的收益（除非有债转股协议）。在操作过程中可能要先安排过桥贷款（Bridge Loan）作为短期融资，然后通过举债（借债或借钱）完成收购。杠杆收购在国外往往是由被收购企业发行大量的垃圾债券，成立一个股权高度集中、财务结构高杠杆性的新公司。在中国由于垃圾债券尚未兴起，收购者大都是用被收购公司的股权作质押向银行借贷来完成收购的。2008 年银监会发布的《商业银行并购贷款风险管理指引》对商业银行风险评估和风险管理等做出了详细的规定，开放了商业银行并购贷款业务，这样一个以银行为主导的杠杆收购融资方式开始萌芽，也为中国 A 股上市公司海外并购中使用杠杆收购融资方式提供了一定的政策支持。显然，这种融资方式的操作比较复杂和专业，需要对目标公司资产和未来现金流有比较专业的评估，否则对提供资金的银行和并购方都会产生较大的财务风险。

（2）卖方融资

卖方融资是指并购方企业在海外并购融资时，因为其自身的财务状况或自身条件不足以获得金融机构提供贷款或者不能支付较高的银行利率，而与境外目标公司商议后从其获得低于市场利率的并购资金的一种融资方式。在卖方融资方式下，并购方只有在支付被并购公司贷款后才能得到其资产的全部产权，如果并购方无法偿付后续贷款，则卖方有权收回标的资产。吉利控股并购福特汽车公司控制的沃尔沃案例中，并购的总交易金额是 15 亿美元，其中 11 亿美元来自吉利控股，2 亿美元来自中国建设银行伦敦分行的低息贷款，还有 2 亿美元就是来自沃尔沃原控股股东福特公司的卖方融资。

在海外并购实际案例中，往往不是一种或两种融资方式，是多种融资方式根据具体情景的有机组合运用和创新。并购企业既要低成本地融到海外并购所需要的资金，及时完成并购，同时又要把融资带来的财务风险降到最低。

二　中国A股上市公司海外并购融资方式现状和特征

通过查询CSMAR数据库中的并购重组数据库，对2013—2017年中国A股上市公司海外并购的数据进行筛选，归纳总结出具有代表性的30起海外并购案例采用的融资方式（见表6－1）。

表6－1　　2013—2017年中国30起海外并购融资方式统计

序号	时间（年）	并购方	被并购方	融资方式		交易对价
				自有资金（A）和银行借款（B）	其他方式	
1	2013	先河环保	CES	A	—	423.3亿美元
2	2013	美都能源	WAL	—	A＋普通股	1.35亿美元
3	2013	宁波华翔	HIB Trim	A	—	3420万欧元
4	2014	天马股份	Balfour Downs Station & Wanyanya牧场	A	—	1800万澳元
5	2014	中材国际	Hazemag	A＋B	—	1.04亿欧元
6	2014	南京新百	Highland Group	—	A＋债务融资	1.55亿英镑
7	2014	博彦股份	TPG	A	—	2300万美元
8	2014	上海电气	AEN	A	—	4亿欧元
9	2014	日发精机	MCM	—	普通股	1104万欧元
10	2015	华邦健康	莱茵医院	A	—	587.34万欧元
11	2015	金达威	Vitatech	—	普通股	1.01亿美元
12	2015	万达电影	HG Hold Co	A＋B	—	3.66亿美元
13	2015	华昌达	DMW LLC	A	—	5350万美元
14	2015	洲际油气	KoZhan	A＋B	—	3.53亿美元
15	2015	卧龙电气	SIR	A	—	1780万欧元
16	2015	陕鼓动力	EKOL	A＋B	—	12.69亿克朗

续表

序号	时间（年）	并购方	被并购方	融资方式		交易对价
				自有资金（A）和银行借款（B）	其他方式	
17	2015	工商银行	标准银行	A	—	7.7 亿美元
19	2016	智度股份	Spigot	—	A + 普通股	2.52 亿美元
20	2016	双箭股份	ICON	A	—	243.73 万澳元
21	2016	青岛海尔	通用电气	A + B	—	54 亿美元
22	2016	锦江股份	Keystone	A + B	—	85.55 亿人民币
23	2016	洛阳钼业	FMDRC	A + B	普通股	26.5 亿美元
24	2016	苏交科	TestAmerica	A + B	—	1.37 亿美元
25	2016	交通银行	BBM Bank	A	—	5.25 亿雷亚尔
26	2017	美的集团	库卡集团	A + B	—	292 亿人民币
27	2017	苏州固锝	AICS	A	—	4600 万马克
28	2017	海信电器	TVS	A	—	129.16 亿日元
29	2017	渤海金控	C2 公司	A + B	—	99.95 亿美元
30	2017	银亿股份	邦奇	—	普通股	79.81 亿人民币

资料来源：CSMAR 数据库。

从表 6 - 1 可以看出，中国 A 股上市公司的海外并购融资方式主要是**自有资金或“自有资金 + 银行借款”**，小部分采用**普通股融资**或者“自有资金 + 普通股融资”。

三　海外并购融资方式选择的影响因素

根据中国 A 股上市公司海外并购实践案例和已有的研究文献，中国 A 股上市公司海外并购融资方式的主要影响因素有：并购方的并购时长、资本结构、融资成本和融资风险。

（一）并购时长

因为一个合适的并购标的出现后，一般会面临不止一个买家的情况，并购方会面对可能的强有力的其他买家竞争对手，如果不能在目标公司要求的时间内筹集到所需并购资金，可能面临并购失败。而不同的融资方式，使得获取资金的时间不同。使用自有资金和债务融资方式一般都能较快地获取所需资金，而发行股票融资则会面临严格的证监会审核和审批程序，耗时会比较长。因此，中国A股上市公司在进行海外并购时，要充分地把握好融资时间的长短，做出合理的融资方式选择。

（二）资本结构

资本结构是企业长期资金的来源及其各个部分占总资金来源的权重结构，也可以称为融资结构，一般用资产负债率来表示。企业的资本结构反映了一个企业的财务杠杆水平。并购方本身的资本结构可能会严重影响企业的海外并购项目的融资方式选择。当企业的资本结构中负债比例还不高，就是比同行业的平均水平还低很多时，这时，企业选择银行借款和其他负债融资方式是可行的。但是，当企业现有的资本结构中负债比例已经很高，远远高于主营业务同行业的平均资产负债率水平的时候，再去借款或者进行债务融资，对企业就非常危险。此时，即使企业能够得到银行的贷款，在后续很有可能给企业带来较大的债务负担，从而影响企业的正常经营，甚至出现资不抵债的财务困境，最终可能导致企业破产清算。因此，在这种情况下，企业可以优先考虑权益融资方式。

（三）融资成本

并购方融资成本与其海外并购融资方式的选择是密切相关的。融资成本包括内源融资成本和外源融资成本。根据融资优序理论，企业在进行融资决策时，首先应该选择内源融资，其次才考虑外源融资。在选择外源融资时，优先考虑债务融资，其次才是股权融资。并购方企业在进行海外并购融资时，会优先使用自有资金，因为没有利息和股息的支出，相比外部融资成本不产生融资费用。但实际上自有资金也是有成本的，是机会成本。并购方采用债务融资方式产生的利息可以在企业所得税前扣除，具有一定抵税作用，能降低融资成本。同时，债务融资方式也能够避免股权融资导致的控制权被稀释的风险。在相同的前提下，并购企业需要选择低成本的融资方式。只有这样，才能让并购方企业获得更大的效益。

2018 年 2 月 1 日，清华大学经济管理学院中国金融研究中心联合多家机构在北京发布了中国社会融资成本指数（见表 6 - 2），可以作为并购方企业融资时的参考。

表 6 - 2　　**中国社会融资成本指数**

融资方式	平均融资成本
银行贷款	6.60
承兑汇票	5.19
公开发债	6.68
融资性信托	9.25
融资租赁	10.70
保理	12.10
小贷公司	21.90
互联网金融（网贷）	21
上市公司股权质押	7.24
平均融资成本	7.60

资料来源：公开发布的中国社会融资成本指数。

（四）融资风险

融资风险是影响并购方并购融资方式选择的重要因素。并购企业的海外并购融资风险体现在两个方面：一是并购前融资风险。并购前融资风险是指并购企业能否在实施海外并购交易前筹集到足额的资金确保并购的按时进行。这就需要并购方权衡需要融资的金额，并选择适当的融资方式，平衡融资金额和需求金额，提高融资效率。二是并购后的融资风险，比如并购方选用了向银行或银团借款的债务融资方式，就意味着并购方完成海外并购后需要偿还巨额的利息，到期还有还本压力。并购方的负债率会因为海外并购负债融资大大提升，负债率越高，财务风险就越大。过大的财务风险，会给企业未来经营带来很大困难，也会给企业带来巨大损失，甚至使得企业破产，尤其在整体经济不景气的情景下。

四　海外并购支付方式及其风险

在海外并购中，并购方在做出并购目标企业的决策后，采用什么支付方式来获取目标公司的资产或股权，是一个非常重要的问题。不同的海外并购交付方式，对并购双方的财务风险影响不同。海外并购交易的支付方式主要有现金支付方式、股票支付方式、综合证券支付方式等。并购企业必须审慎权衡各种收购方式的利弊，权衡其收益和风险，选择合适的支付方式完成收购。

（一）现金支付方式及其风险

现金支付是指并购方按照所确定的被收购公司的收购价格，向被收购公司资产所有者一次性或者分期支付现金完成收购的方式。现金支付在各种支付方式中占比例最高，主要是因为现金支付具有三个优点。第一，现金支付股价简单、容易懂、清晰、最迅速；第二，现金支付对卖方有利，是卖方最愿意接受的一种支付方式；第三，现金支付方式不会稀释并购方原股东的股权。

但是，现金支付方式也有四个缺点。第一，现金支付方式需要占用收购方大量的现金，对并购方的现金流状况和财务状况造成大的冲击。第二，现金支付方式需要很短的时期内，并购方筹集大量的现金，资金来源可能会被控“不公平竞争”。例如，中国企业中海油并购优尼科案，被目标公司优尼科所在国政府怀疑中海油的现金是否存在“政府介入—政府输入资金”。第三，纯粹的现金支付可能招致被并购方的敌意和抵制。第四，现金支付会导致被并购方—卖方被征收资本收益税。

使用现金支付方式需要考虑并购方短期现金流动性情况、目标公司中长期流动性、现金的筹资成本、税务筹划问题和汇率风险。

从风险角度看，现金支付方式会给并购方带来非常大的瞬时现金流压力，处理不好，可能导致并购公司经营资金短缺，带来企业现金流断裂风险。

（二）股票支付方式及其风险

股票支付是指并购企业通过增发本公司股票，以新发行的股票替换目标公司的股票达到收购目的的一种支付方式。当收购交易完成后，目标公司将被纳入并购方企业。并购公司扩大了资产规模，并购之后的公司的股东由并购方和目标公司股东共同组成，但是原并购方股东在经营控制上占主导地位。

股票支付方式与现金支付方式相比，有如下优点：第一，收购方不需要支付大量现金，不会影响收购方现金流状况。第二，收购完成后，被收购公司在新的公司有所有权，不会感到因为并购失去所有权。只是这种所有权转移到收购方公司，成为扩大了的收购方公司的新股东，具有仍然是企业主人的感觉。第三，并购方的股票可以不折价发行。如果用现金支付，并通过发行股票的办法来筹集资金，那么，将不可避免地需要以低于市场的价格发行股票。第四，就被收购的目标公司而言，可以将其现金支付的资本收益税一直递延到所持有的收购方公司股票获利出售时为止。

不然，在现金支付方式下立即要缴纳大量税款。

但是，股票支付方式也有缺点和风险：第一，这种支付方式政策限制比较多，需要备案和审批的程序也比较复杂；第二，时间也会比较长，如果目标企业有很多强有力的竞购者，会对并购时机造成影响；第三，收购方的控制权会被稀释，可能会影响到并购方控制权；第四，因为股票扩容，股票支付后会影响到企业每股财务收益指标（会下降）。

从风险角度分析，股票支付是把目标企业所有者捆绑在一起，担当未来并购后目标企业盈利不确定性的风险。应该说是一种有利于并购方的支付方式。问题是，在目前中国资本市场还不是很规范和健全、中国A股上市公司品牌国际影响力还有限的情况下，很多被并购标的企业股东并不愿意拥有中国A股上市公司股权。折中的办法是一部分给现金，一部分支付股票。而且股票支付时还设计了具有激励作用和留住目标企业关键人才的“对赌协议”。

（三）综合证券支付方式及其风险

综合证券支付是指收购方在收购时不仅采用现金、股票，而且还采用认股权证、可转换债券等多种形式的证券作为支付方式。认股权证和可转换债券前文已经阐述，此处不再重复。

综合证券支付方式的优点是：第一，这种支付方式对现金的需求比较小，可以减轻并购方筹措现金的压力；第二，这种支付方式最大化保护了被并购方股东在未来公司中的权益；第三，这种支付方式具有一定程度的收购收益。

综合证券支付方式的缺点是：第一，发行新股或其他金融工具（比如可转换债券）受到更多政策上的制约；第二，需要的时间较长；第三，这种支付方式会稀释并购方原股东的股份；第四，复杂的金融工具如果缺乏专业人才，会导致高风险的运作。

现将上述三种主要海外并购支付方式的优缺点总结如下（见表6－3）。

表6－3　　三种主要并购价款支付方式的优缺点

并购支付方式	优点	缺点
现金支付	（1）现金支付股价简单、容易懂、清晰、最迅速； （2）现金支付对卖方有利，是卖方最愿意接受的一种支付方式； （3）现金支付方式不会稀释并购方原股东的股权	（1）现金支付方式需要占用收购方大量的现金，对并购方的现金流状况和财务状况会造成大的冲击； （2）现金支付方式需要在很短的时期内，并购方筹集大量的现金，资金来源可能会被控“不公平竞争”； （3）纯粹的现金支付可能招致被并购方的敌意和抵制； （4）现金支付会导致被并购方—卖方被征收资本收益税
股票支付	（1）收购方不需要支付大量现金，不会影响收购方现金流状况； （2）收购完成后，被收购公司在新的公司有所有权，不会感到因为并购失去所有权。只是这种所有权转移到收购方公司，成为扩大了的收购方公司的新股东，仍然具有是企业主人的感觉； （3）并购方的股票可以不以折价发行如果用现金支付，并通过发行股票的办法来筹集资金，那么，将不可避免地需要以低于市场的价格发行股票； （4）就被收购的目标公司而言，可以将其现金支付的资本收益税一直递延到所持有的收购方公司股票获利出售时为止	（1）这种支付方式政策限制比较多，需要备案和审批的程序也比较复杂； （2）时间也会比较长，如果目标企业有很多强有力的竞购者，会对并购时机造成影响； （3）收购方的控制权会被稀释，可能会影响到并购方控制权； （4）因为股票扩容，股票支付后会影响到企业每股财务收益指标（会下降）
综合证券支付	（1）这种支付方式对现金的需求比较小，可以减轻并购方筹措现金的压力； （2）这种支付方式最大化保护了被并购方股东在未来公司中的权益； （3）这种支付方式具有一定程度的收购收益	（1）发行新股或其他金融工具（比如可转换债券）会受到更多政策上的制约； （2）需要的时间较长； （3）这种支付方式会稀释并购方原股东的股份； （4）复杂的金融工具如果缺乏专业人才，会导致运作的高风险

第二节　融资方案与支付方式研究
——以通源石油为例

融资约束是企业开展海外并购这一高风险投资活动时所面临的一大难题。支付方式的选择关乎企业的现金流能否适应企业的发展。因此，融资与支付风险是企业在海外并购中面临的最直接的财务风险。在行业或经济下行期（逆周期背景下），企业所面临的融资约束更大，但是此时标的资产的价格往往会缩水，标的资产的持有方更有意愿出售标的资产。如何平衡投资机会和融资与支付风险的关系呢？通源石油的案例表明，在行业低谷期，引入并购基金主导收购标的资产，采取“体外培育”策略；在行业复苏时，再通过搭建海外持股平台、置换境外子公司股权，逐步将标的资产注入上市公司，能够很好地解决这一难题。在此过程中，并购基金“输出资金收购资产、出售资产收回资金”的过程为上市公司等融资约束较大的经营主体提供过桥资金，能够起到上市公司资金通道的作用。上市公司和并购基金联合出海收购优质标的资产的这一模式，可以成为上市公司把握投资机会，并购基金赚取超额收益的一种共赢范式。

一　案例简介

（一）案例公司概况

1. 通源石油简介

西安通源石油科技股份有限公司（以下简称通源石油），1995年6月15日在陕西省西安市成立。2011年1月13日在深交所创业板上市（股票代码为300164）。通源石油是一家民营油田增产服务企业，以油田增产关键技术“复合射孔”技术的研发、推广为核心主业，具体业务包括：复合射孔器销售、复合射孔作业服务、复合射孔专项技术服务、爆燃压裂作业服务等油田其他服务。通源石油于2015年3月完成对美国安德森射孔服务有限公司（以下简称APS）的收购，进入北美市场。

2. Cutters简介

Cutters于1989年7月3日在美国犹他州注册成立，主要提供油田电缆服务。在管理层方面，Cutters团队平均从业20年以上，具有丰富的油田服务和业务管理与市场拓展的经验；在业务布局上，Cutters多年深耕于北美油气开发热点区域，与大量客户建立了长期合作关系，具有广泛的业务资源和深厚的市场基础；在业务结构和侧重点上，Cutters偏向于老井的射孔服务，而APS偏向于新井的射孔服务。

（二）并购过程概述

通源石油于2015年9月开始筹划收购Cutters事宜；2016年参股深圳东证通源海外石油产业投资基金合伙企业（以下简称东证通源）；东证通源最终在境外设立Cutters Group Management Inc.（以下简称CGM）完成对标的资产的收购；2017年上市公司通过境外子公司股份置换的方式实现对标的资产55.26%的股权控制；2018年上市公司通过非公开发行股份募资实现标的资产少数股权的进一步注入。

（三）并购动因分析

基于企业披露的相关信息，收购Cutters的动因主要有：（1）契合建设“通源北美”的战略；（2）能够发挥通源石油原APS业务的协同效应，成为在北美市场上具备一定规模和影响力的企业；（3）能够强化通源石油的主营业务优势，促进一体化服务能力的完善和出口业务规模的提升。

（四）并购标的估值与定价

Cutters100%股权的基本估值为9500万美元，根据交割日时Cutters的工作现金流与目标839.2万美元的差距以及对于Cutters前期资本性支出的返还调整目标公司的最终估值，并约定Cutters将在交割日偿还全部带息负债。

因此，根据双方约定，交割日对价支付金额=9500万美元+Cutters前期资本性支出+标的公司现金-带息负债+现金流调整。最终根据协议调整，确定收购对价为95176712.80美元。

二　设立并购基金，出海收购Cutters

（一）并购基金合作结构

2015年9月，通源石油与Cutters公司达成股权收购意向性协议。此后通源石油与东证融成资本管理有限公司（以下简称东证融成）合作，搭建产业并购基金进行标的资产收购活动，并于2015年10月签订框架合作协议。

2015年11月，东证通源完成工商登记手续，并取得深圳市证监局下发的营业执照。此后由并购基金作为投资主体与Cutters原股东进行商业谈判、展开尽职调查工作、聘请评估机构和审计机构等。

2016年9月，通源石油正式与东证融成签订合伙协议，确定了东证通源的出资结构、缴付期限、经营期限等具体内容，具体协议内容见表6-4。

表 6 – 4　　　　　　　　　东证通源主要协议条款

企业名称	深圳东证通源海外石油产业投资基金合伙企业（有限合伙）
经营期限	3 年，经普通合伙人提议并获全体同意可延长 1 年
出资总额	人民币 7 亿元整
普通合伙人	东证融成，以货币出资 6.65 亿元，占注册资金的 95%，作为劣后级资金
有限合伙人	西安通源石油科技股份有限公司，以货币出资 0.35 亿元，占注册资金的 5%，作为劣后级资金
出资缴付方式	按合伙企业资金需求进行缴纳
表决方式	合伙人一人一票，且 2/3 以上的票数通过
经营管理团队	投资基金的日常管理、投资运营由投资基金经营管理团队负责，团队由东证融成推荐 2 名，通源石油推荐 2 名，经协商一致后确定
投资委员会	人数：共 3 名委员，东证融成 2 人，通源石油 1 人，如有优先级合伙人可增设 1 名；决议：涉及"投资、退出等重大事项"需全体通过，除逾优先收购权期限外，东证融成的 2 名委员可以自行处置标的资产
优先收购权	期限：并购基金收购后的 30 个月内；价格：至少年化 12% 的增值率或审议后的更高公允价格

资料来源：根据上市公司通源石油公开披露信息整理。

2015 年 12 月，东证通源在境内设立全资子公司深圳合创源石油技术发展有限公司（以下简称深圳合创源），注册资本为人民币 45000 万元。2016 年 1 月，深圳合创源又于休斯敦注册出资设立 PetroNet INC.（以下简称 PetroNet），作为东证通源在美国的投资平台。2016 年 2 月，深圳合创源取得深圳市经贸信息委员会核发的《企业境外投资证书》，投资路径为通过 PetroNet 对 Cutters 投资。2016 年 7 月，PetroNet 在美国德克萨斯州州务卿办公室注册成立 CGM，用于完成对 Cutters 的收购事宜。至此东证通源境内外各层 SPV 已搭建完成，如图 6 – 2 所示。

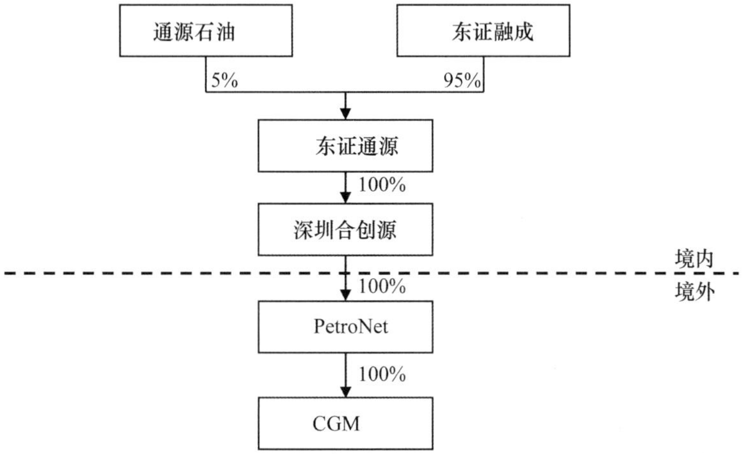

图6－2　东证通源股权结构

资料来源：根据上市公司通源石油公开披露信息整理。

（二）并购基金融资方式

2016年下半年原油价格逐步回升，油服行业逐步复苏，东证通源开始将正式收购Cutters提上议程。尽管东证通源备案时的总出资额达7亿元人民币足以完成本次收购，但截至交易时其合伙人仅实缴4.8亿元。东证通源并未直接杠杆收购Cutters，而是最终确定以“上市公司向CGM提供财务资助、并购基金对CGM股权加债权出资”的复杂交易结构收购Cutters。

2016年7月，深圳合创源完成外汇登记手续。2016年10月，CGM与Cutters原股东签订了《股权收购协议》：Cutters100%股权的基本估值为9500万美元，调整前期垫支资金与现金流预期差距后，最终确定对价为95176712.80美元。其中CGM以其5.94%的股权作为对价（380万美元）支付给Cutters管理层股东（即自然人Gary Cain和Kent Brown）。CGM最终确定的融资安排如图6－3

所示。

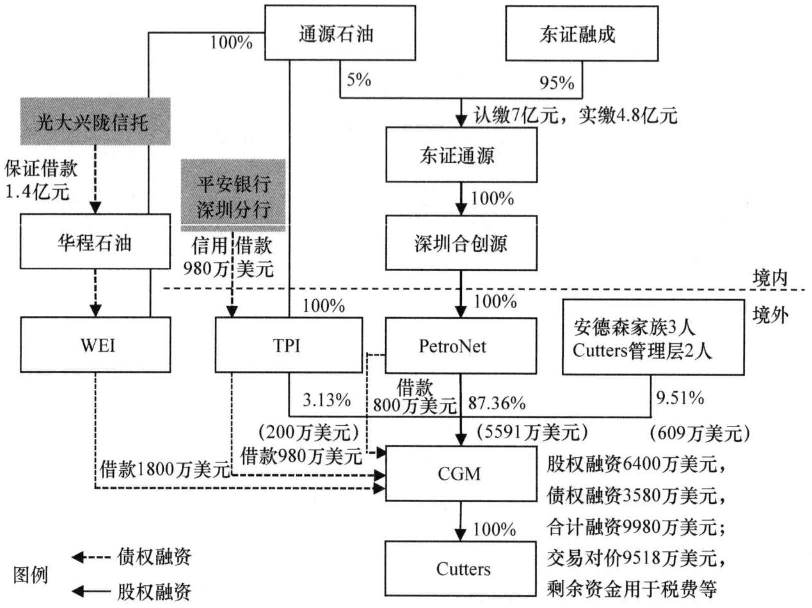

图 6-3 东证通源融资结构

资料来源：根据上市公司通源石油公开披露信息整理。

CGM 合计融资 9980 万美元，其中 9518 万美元用于支付并购对价，剩余用于支付中介费及补充部分流动资金等。其融资分为股权融资和债权融资两大部分。（1）CGM 的股权融资：2016 年 7 月 CGM 设立，同年通源石油通过其境外全资子公司 TPI 出资 200 万美元认购 3.13% 的股权；东证通源通过子公司 PetroNet 向 CGM 增资 5591 万美元获得 87.36% 的股权；APS① 原股东安德森家族亦等价参与增资，以 229 万美元获得 3.57% 的股权；原 Cutters 管理层 2 人以 380 万美元作价持股 5.94%。（2）CGM 的债权融资：东

① 通源石油于 2015 年 3 月完成对 APS 的收购。

证通源通过子公司 PetroNet 向 CGM 提供 800 万美元借款，期限为 2016 年 12 月 28 日至 2021 年 1 月 1 日，利率为 6.5%；通源石油通过境外子公司 WEI 和 TPI 分别向 CGM 提供借款 1800 万美元、980 万美元。上述借款期限均为 2017 年 4 月 1 日至 2021 年 1 月 1 日，按季还本付息，利率为华尔街日报基准利率额外加上 2.5% 的浮动利率，上限、下限分别为 8%、6.5%。东证通源的资金主要来源于东证融成股权出资，向上穿透实际出资人为东北证券。上市公司的资金主要来源于长期并购贷款。2016 年年底子公司 TPI 向平安银行深圳分行借款 980 万美元，合同约定贷款期间为 2016 年 12 月 29 日至 2018 年 8 月 22 日，利率为 2.79%；子公司西安华程石油技术服务有限公司（以下简称华程石油）向光大兴陇信托有限责任公司借款 1.4 亿元，期限为 2016 年 11 月 28 日至 2018 年 11 月 27 日，利率为 6.15%，由上市公司提供担保。

三　标的资产注入上市公司

（一）少量现金收购：为控股收购铺垫

2017 年下半年开始，美国石油产量骤增，通源石油在美油服业务大幅增长。2017 年 6 月，通源石油发布公告将通过支付 248 万美元现金收购 APIH21.34% 的少数股权，收购完成后上市公司总计持有 APIH 的股权由 67.5% 上升至 88.84%。2017 年 7 月，上市公司开始重大资产重组停牌。2017 年 8 月，通源石油的美国全资子公司 TPI 出资 1500 万美元购买 PetroNet 持有 CGM20.72% 的股权，收购完成后通源石油总计持有 CGM 的股权由 3.13% 上升至 23.85%。

截至 2017 年 8 月，上市公司实现了对 APIH 的控制，但对 CGM 仍仅持股 23.85%，未完成资产注入。通源石油在美国的股权结构如图6-4所示。

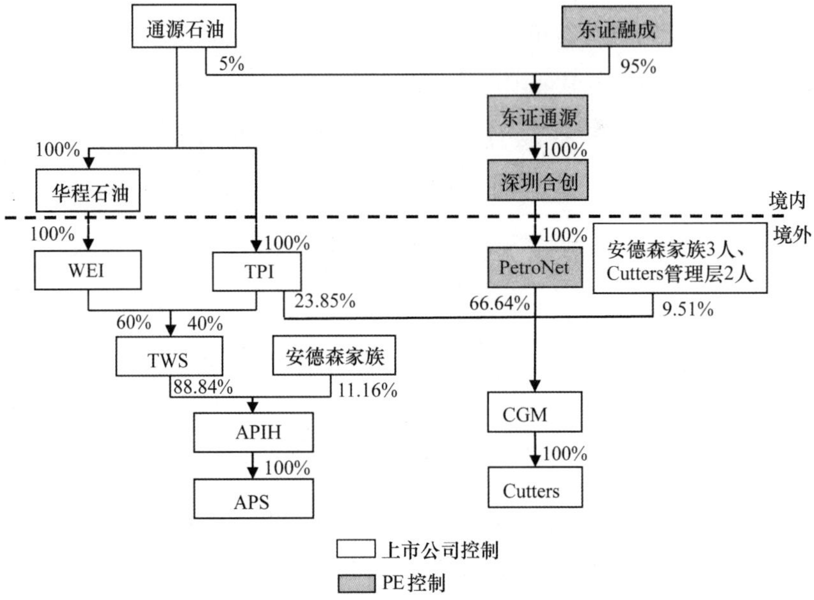

图6-4 通源石油2017年换股前境外资产股权结构

资料来源：根据上市公司通源石油公开披露信息整理。

(二) 境外换股收购

2017年9月，通源石油公告《合作框架协议》披露了取得CGM控制权的资产注入方案：通过境外控股子公司APIH在德克萨斯州申请设立注册资本为1美元的The Wireline Group，LLC（以下简称TWG）作为收购平台公司。APIH全体股东以其持有APIH的100%股权向TWG出资，以2017年4月30日为基准日作价6823万美元；同时，CGM全体股东以其持有CGM的100%股份向TWG出资，以2017年4月30日为基准日作价7238万美元。出资完成后，通源石油通过TPI和TWS共计持有TWG55.26%股权，并通过TWG持有APIH和CGM的控股权；并购基金通过PetroNet持有

TWG 33.96%的股权；安德森家族及 Cutters 管理层等 5 名自然人持有剩余 10.78%的股权。

由于 CGM 在最近一个会计年度所产生的营业收入为 25743.28 万元，占上市公司同期经审计的合并财务会计报告营业收入 39986.40 万元的比例达到 64.38%，故本次收购将构成"重大资产重组"。2017 年 10 月，通源石油公告重大资产购买报告书草案，11 月公告修订稿并完成资产过户手续。交易完成后，上市公司间接持有 TWG 55.26%的股权，成为 TWG 的实际控制人，并间接控制了经营实体 Cutters，其股权结构如图 6－5 所示。

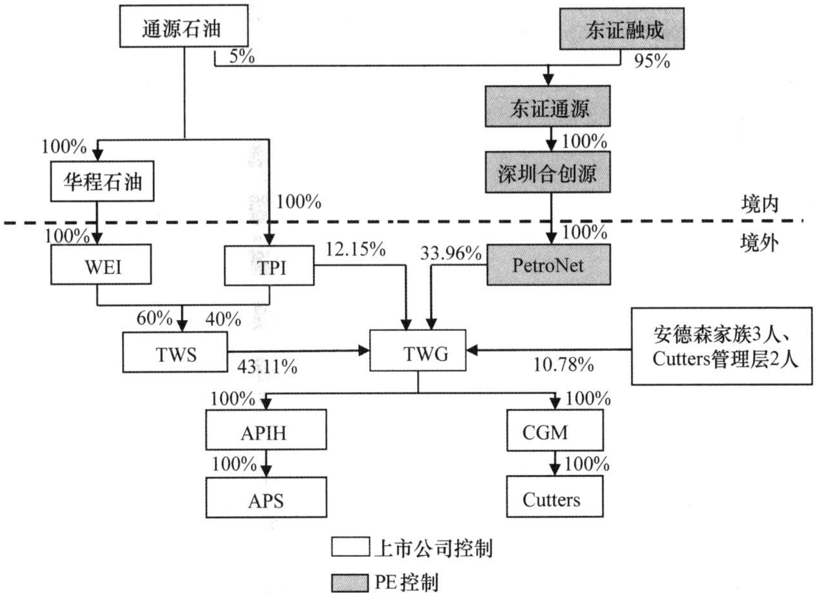

图 6－5 通源石油 2017 年换股后境外资产股权结构

资料来源：根据上市公司通源石油公开披露信息整理。

（三）非公开发股募资：完成全部资产注入

2018 年 10 月 23 日，通源石油发布公告称将通过非公开发行股份募集资金，募集资金中的455549967元将用于收购深圳合创源100%的股份（不构成重大资产重组）。本次注入完成后，通源石油取得PetroNet对TWG的33.96%股权，从而间接持有TWG合计89.22%的股权。2019年3月14日，通源石油披露称合创源完成工商变更登记，其持有的合创源持股比例变更为100%。通源石油对TWG的持股比例由55.26%提升为89.22%。变更之后的股权结构如图6-6所示。

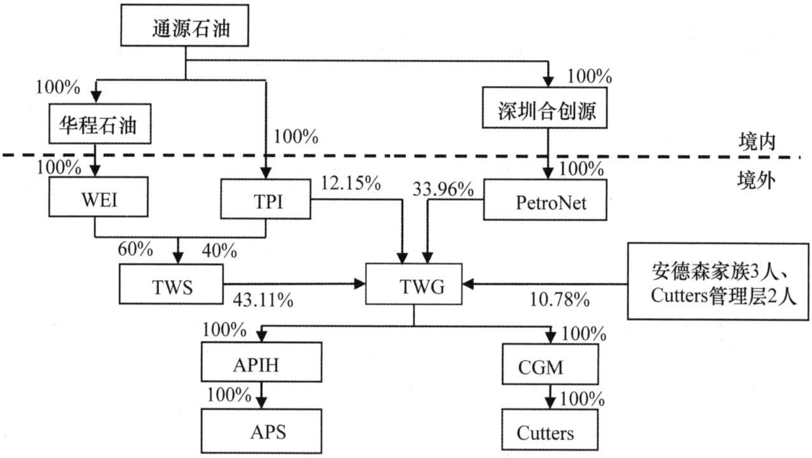

图6-6　完成后收购的股权结构

资料来源：根据上市公司通源石油公开披露信息整理。

四　并购融资与支付分析

2014年下半年之后，国际油价经历了断崖式下跌（原油价格从2014年的96.05美元/桶，下跌到2015年的46.6美元/桶以及2016年的40.9美元/桶），整个油服行业开始进入“去产能”的寒冬，油服行业标的资产价格大幅缩水，通源石油面临良好的收购机会。然而，受国际油价的影响，通源石油也面临很大的融资约束。如何能够把握住机会收购标的资产完成建设“通源北美”战略的重要举措呢？此时，通源石油选择了与并购基金合作，成功完成了对标的资产的最终收购，为部分面临融资约束的企业提供了海外收购的范式。

2016 年 10 月，CGM 完成对 Cutters 100% 的股权（9518 万美元）的收购时，通源石油一共出资约 3341 万美元［包括成立东证通源认购的 5% 股权 361 万美元（实际出资人民币 4.8 亿元的 5%）；子公司 WEI 提供的借款 1800 万美元；子公司 TPI 提供的 200 万美元的股权投资以及 980 万美元的借款］，很大程度上减轻了通源石油的融资压力，使得通源石油能在行业低谷时以较低的价格收购标的资产。通源石油出资的 3341 万美元中有 2780 万美元是上市公司从信托以及银行取得的贷款，再贷款给 CGM 的方式实现的。这种方式以相似的贷款利率将偿还并购贷款的压力转嫁给并购标的（如图 6-7 所示），通源石油仅需对贷款期限存在差异的部分进行垫资。截至债务到期日 2018 年 10 月，Cutters 以分红的方式替上市公司偿还了 1216 万美元，因此通源石油仅需垫支剩余 2 年期限的 1564 万美元。

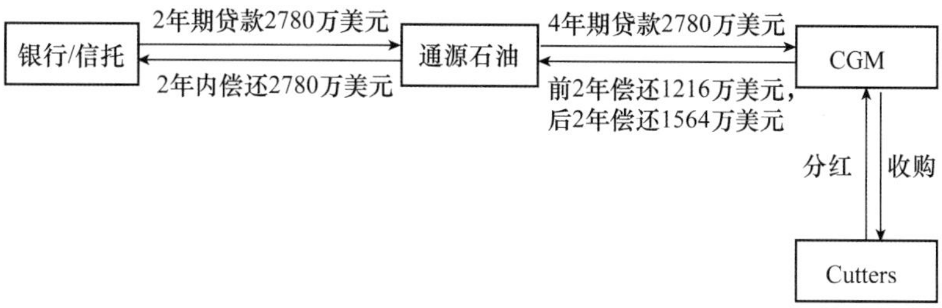

图 6-7　并购贷款来源及偿还

资料来源：根据上市公司通源石油公开披露信息整理。

自2017年开始，行业开始回暖后，通源石油逐步通过现金收购、换股收购以及非公开发行股份募集资金再现金收购的方式逐步完成对标的资产的收购。通源石油持有标的资产的股权比例变化见表6-5。2016年10月，东证通源完成对标的资产的收购时，持股比例为3.13%；2017年7月，以1500万美元现金收购CGM 20.72%的股权，持股比例增加至23.85%；在2017年11月进一步通过换股收购实现对标的资产55.26%的持股比例；最后在2019年通过定向增发募集资金，实现对深圳合创源的股权收购，对标的资产的持股比例变更为89.22%（剩余的10.78%由安德森家族以及Cutters管理层持有）。

表6-5 **通源石油持有标的资产股权比例变化**

时间	收购方式	对标的资产持股比例（%）
2016年10月	出资认购	3.13
2017年7月	现金收购	23.85
2017年11月	换股收购	55.26
2019年3月	定增募资现金收购	89.22

资料来源：根据上市公司通源石油公开披露信息整理。

在此次收购中，东证融成在并购交易的过程中对并购基金的持股比例高达95%，并购基金对收购事项实际出资比例高达68%，承担较大的显性风险，但在与上市公司通力合作后，最终如愿实现退出并实现收益共赢。2017年1月东证通源以“股加债”的形式为上市公司并购Cutters提供资金支持，其中股权出资5591万美元、债权出资800万美元。（1）股权出资部分：2017年1月出资时，上市公司即承诺若将来行使优先收购权，并购基金至少可以获得年化12%的收益。2017年11月换股时，东证通源提前将标的风险让渡给上市公司，获得收益兜底的承诺，收购价不低于公允价值。2018年11月以定增预案披露的收购价计算，深圳合创源100%股权对价为48475.77万人民币，以年末即期汇率6.4144折算，即7557.34万美元。至此并购基金顺利退出，获益1966.34万美元，收益率达到35%。（2）债权出资部分：东证融成借给CGM约800万美元，期限为2016年12月底至2021年1月初，年化利率为6.5%。（3）加权收益：截至2018年年末，东证通源除少部分债权外，已基本实现退出。东证通源自出资至退出历时不到两年，实际加权收益率达到32%。

因此券商系出资方东证融成的加权收益率也为32%。由于其对并购基金持股比例高达95%，其收益净值也相当可观，高达1966.82万美元①，基金管理费另行计算。

在此次并购中PE方承担了较高的显性风险，但也获得了可观的退出收益，实现了与上市公司的双赢。我们对PE方的风险和收益进行了直接测量。并购基金具体收益情况测算见表6-6。

表6-6　　东证通源收益情况

类型	事项	时期	金额（万美元）	收益（万美元）	收益率（%）
股权出资	投资成本	2017年1月初	5591.00	1966.34	35
	定增退出	2018年11月初	7557.34		
债权出资	借款给CGM	2016年12月底至2021年1月初	800.00	104.00	6.5
合计加权				2070.34	32

资料来源：根据上市公司公开披露信息计算整理。

① 东证融成收益额=并购基金收益额×95%=2070.34万美元×95%=1966.82万美元。

采用王竹泉等（2019）的财务衡量方法，[①] 表6－7和6－8分别衡量了通源石油并购前后资本负债率和资本杠杆的变化情况。由表6－7、表6－8可知，东证通源的参与缓解了企业因并购导致的财务风险。并购前后，通源石油的财务风险并无显著变化。

表6－7　**并购前一年至并购后两年通源石油资本负债率**　单位：%

年份	2015	2016	2017	2018
资本负债率	9	13	18	23

表6－8　**并购前一年至并购后两年通源石油资本杠杆**

年份	2015	2016	2017	2016
资本杠杆	1.10	1.15	1.22	1.30

五　结论与建议

融资与支付风险是企业在海外并购中面临的最直接的财务风险。如何在逆周期时规避融资与支付风险，成功收购价格缩水的标的资产是一个值得研究的问题。通源石油案例说明，并购基金“体外培育”策略能够有效帮助上市公司应对海外直接收购的融资风险。在行业低谷期上市公司可以与金融机构合作搭建“上市公司＋PE”型并购基金过桥收购标的资产，但不将其纳入合并报表范围内，等到行业复苏时再择机将其注入上市公司。并购基金“体外培育”策略采用时，上市公司往往保持较低的持股比例，因此也增加了上市公司控制权转移风险，导致资产注入难度更高。此时搭配采用“搭建平台、境外换股”的策略可以降低A股上市

① 参见本书第92页。

公司重组的政策风险和境外资产注入的整合风险。随着中国企业“走出去”海外并购需求的逐步强烈，无论是政策层面，还是公司层面，设计并购策略时都应充分考虑融资与支付风险的规避。本书建议：

（1）政府部门应拓宽民营企业融资渠道，降低民营企业融资约束。只有切实解决了融资难题，民营企业才能“走出去”。

（2）金融应回归服务实体经济的本质，与实体企业互利共赢。海外并购作为一项高风险的投资活动，需要大量的资金投入，金融机构（如PE等）可以参与进来，利用自己的专业知识帮助实体企业分担风险，获取利益。

（3）上市公司在开拓海外市场面临融资约束时，也应积极寻求并购基金的帮助，承诺并购基金合理的收益，实现双方的互利共赢。

第三节　融资方式与支付方式研究
——以中国天楹为例

在供给侧结构性改革引导下的“去杠杆”以及与之配套的“强监管”金融环境下，跨境并购市场趋于理性，但大规模并购仍然占据总规模的大多数。为了筹集巨额并购资金以撬动大规模并购，不少公司在跨境并购中利用结构化融资安排设立并购基金，极力放大并购交易的筹资规模，利用股权投资的形式，充分发挥并购基金的杠杆效应，降低了对外募集资金的难度，而并购基金若自身偿债能力不足，会严重影响上市公司的股权结构稳定性。因此，原有并购基金结构化拆除有利于控制财务风险，保证并购的稳定性。在这种大背景下，上市公司利用结构化并购基金这种创新融资与支付方式进行大规模海外并购，后续如何拆除结构化安排并应对相应的风险是值得探索的问题。通过分析中国天楹并购 Urbaser 的案例中设立的华禹并购基金结构化安排与拆除策略，根据“风险形成—风险化解与控制—风险转换”这一逻辑结构，探究结构化基金这种创新的融资与支付手段从设立到拆除的一般策略、特点以及相应产生的风险，为其他需要通过结构化并购基金完成大规模跨境并购的上市公司提供参考。

一 案例简介

（一）案例公司概况

1. 中国天楹简介

中国天楹的前身是中国科健股份有限公司（以下简称中科健），于 1994 年 4 月 8 日在深交所上市（股票代码为 000035）。2010 年由于无法偿债且资不抵债，中科健申请了破产重整。2014 年，中科健向严圣军等 17 位股东发行股份购买其持有的江苏天楹环保能源股份有限公司 100% 股权，股本由 188953707 股增加至 567104959 股，注册资本增加至 619278871 元。自此开始，中科健主业变为了生活垃圾焚烧，并改名为中国天楹。

2. Urbaser 简介

本次并购的标的 Urbaser，是 1990 年成立于西班牙的一家环保企业，由西班牙上市公司 ACS100% 控股。Urbaser 拥有固废管理领域的先进技术，向政府和企业提供城市综合服务和垃圾处理服务，是欧洲先进的综合固废管理平台。其业务遍及全球各地，在欧美地区占据主要的市场份额。其业务主要由四方面构成，即“智慧环卫及相关服务”“城市固废综合处理服务”“工业再生资源回收处理服务”以及“水务综合管理服务”。

（二）并购过程概述

表6－9梳理了中国天楹并购Urbaser的整个并购交易过程。

表6－9 并购过程梳理

时间	事件
2016年6月	上市公司与华禹基金管理公司共同发起设立华禹并购基金
2016年9月	华禹并购基金参与海外竞标，通过100%间接持股的海外公司Firion与Urbaser签订协议，收购标的100%股权
2016年11月	江苏德展引入股权投资者中融信托，其中华禹并购基金出资48亿元，中融信托出资18亿元； 德意志银行伦敦分行向香港楹展提供2.3亿欧元的银行贷款，增信措施为香港楹展的部分资产和银行账户以及香港楹展和Firion的100%股权
2016年12月	华禹并购基金通过Firion支付首笔股权转让款，并同时对递延转让款出具银行保函；Firion完成Urbaser的股权变更登记，正式持有其100%股权
2017年3月	中融信托陆续转让其持有的江苏德展股权，逐步实现退出
2017年4月	平安人寿等平安系投资者增资江苏德展，出资共计13亿元
2017年8月	上市公司停牌
2017年11月	华禹并购基金拆除结构化； 中国进出口银行提供4490万欧元贷款给江苏德展，主要用于偿还海外并购贷款
2018年7月	上市公司股东大会审议通过重组方案
2018年9月	重组方案过会，并购基金退出

资料来源：根据上市公司中国天楹公开披露信息整理。

该并购方案的交易结构如图6－8所示。

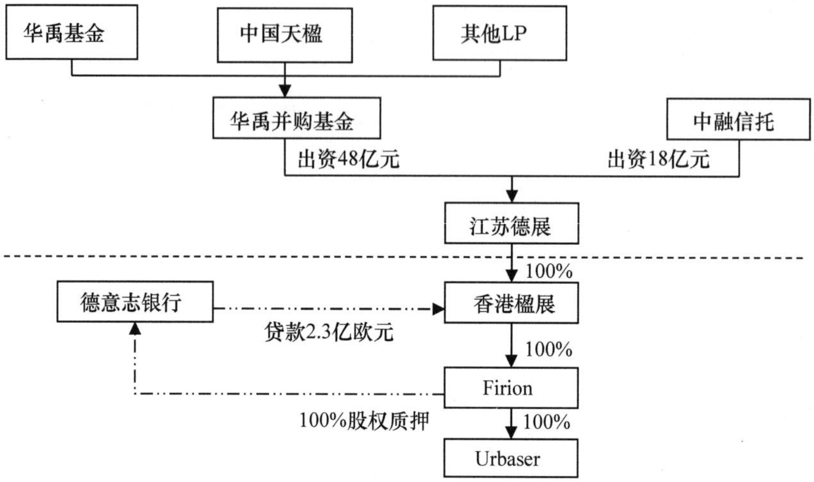

图6-8 中国天楹并购Urbaser的交易结构

资料来源：根据上市公司中国天楹公开披露信息整理。

（三）并购融资特点

1. 融资需求大

截至2016年年底，并购标的Urbaser不仅估值接近上市公司总市值，其财务状况和经营情况也远远优于上市公司。中国天楹资产总额约60亿元，约为并购标的的1/3；营业收入仅有9.8亿元，约为并购标的的1/10；扣除并购标的2016年度一次性减值带来的减值损失，中国天楹的净利润约为Urbaser的1/2。可以得出，并购标的同并购方二者体量悬殊极大。对于中国天楹来说，该起跨境并购是一起典型的“蛇吞象”跨境并购，融资需求巨大，需要有巧妙的融资结构。2016年年底中国天楹与Urbaser财务指标具体情况对比见表6-10。

表 6-10　2016 年中国天楹与 Urbaser 财务指标对比　单位：万元

项目	中国天楹	Urbaser
资产总额	599849.43	2009277.70
营业收入	98049.97	1281991.11
净利润（排除 Essex 项目减值后）	21172.45	49178.22

资料来源：根据上市公司中国天楹公开披露信息整理。

2. 短期筹资要求高

2016 年 9 月，由江苏德展间接 100% 控股的海外公司 Firion 与 Urbaser 原 100% 持股的股东 ACS 签订了股权转让协议，约定自协议生效之日起 60 日内支付交割款，完成股权变更登记等手续。协议约定的交割资金最终实际承担方为江苏德展，江苏德展需要按时筹集足额并购资金。若江苏德展不能及时足额筹集到交割资金，不仅要承担协议规定的违约责任，并购还有很大可能以失败告终。由于长期的并购贷款需要进行详细的尽职调查，其花费时间较多；且银行海外并购贷款的内部审批流程详细、周期较长，因此短期的银行债券融资可行性较低。可以得出，在江苏德展层面，大部分依赖债务杠杆融资无法满足协议约定的短期足额及时给付交割款的要求。

二　并购基金结构化融资安排与风险形成

中国天楹跨境并购 Urbaser 的融资方案主要是通过构建并购基金募集大量资金，从而间接持有海外并购标的的 100% 股权。股权杠杆和债权杠杆都得到了巧妙应用，使得上市公司仅出资 8.5 亿元就可以撬动估值为 82 亿元的并购交易。同时，由于并购基金结构化融资安排在开始时就产生了杠杆风险，在“去杠杆”与“强监管”的制度背景下，该结构化安排影响并购基金结构的稳定并可能带来上市公司投资风险。

（一）并购基金结构化融资安排

2016年5月，中国天楹和华禹基金等其他合伙人共同发起成立了并购基金：中节能华禹（镇江）绿色产业并购投资基金（有限合伙），以寻求优质海外并购标的。经过多次出资结构的变更，截至2016年年底，华禹并购基金的合伙人达到了10人，出资金额共计59亿元，均为现金出资。其中，中节能华禹基金管理有限公司作为普通合伙人，上市公司成为劣后级合伙人，共计优先级有限合伙人2名，中间级有限合伙人3名，劣后级有限合伙人5名。合伙协议约定，合伙企业将按先后顺序分配收益，收益分配顺序为：优先级的实际出资额和对应的优先受益、中间级的实际出资额和对应的中间级门槛收益、劣后级实际出资额、优先级和中间级约定的超额收益（如有）、劣后级门槛收益、分配劣后级超额收益和普通合伙人收益分成（如有）。具体结构化融资安排见表6-11。

表6-11　**华禹并购基金结构化出资情况**　单位：%

序号	合伙人	出资比例	合伙人性质	合计
1	中节能华禹基金管理有限公司	0.17	GP	0.17
2	华融国际信托有限责任公司	40.68	优先级 LP	45.76
3	建银国际资本管理（天津）有限公司	5.08	优先级 LP	
4	鹰潭市信银建辉投资有限合伙企业	7.85	中间级 LP	28.65
5	中航信托股份有限公司	17.41	中间级 LP	
6	中合中小企业融资担保股份有限公司	3.39	中间级 LP	
7	中节能资本控股有限公司	5.08	劣后级 LP	25.42
8	江苏大港股份有限公司	1.69	劣后级 LP	
9	镇江高新创业投资有限公司	3.39	劣后级 LP	
10	西安投资控股有限公司	0.85	劣后级 LP	
11	中国天楹股份有限公司	14.41	劣后级 LP	
合计		100	—	100

资料来源：根据上市公司中国天楹公开披露信息整理。

华禹并购基金不同份额出资人的差别主要体现在收益分配的先后顺序上。合伙协议约定，合伙企业将按先后顺序分配收益，收益分配顺序为：优先级的实际出资额和对应的优先受益、中间级的实际出资额和对应的中间级门槛收益、劣后级实际出资额、优先级和中间级约定的超额收益（如有）、劣后级门槛收益、分配劣后级超额收益和普通合伙人收益分成（如有）。收益分配约定见表6－12。

表6－12　**华禹并购基金收益分配顺序**

分配顺序	分配对象	分配内容
1	优先级 LP	实际出资额
2	优先级 LP	优先收益
3	中间级 LP	实际出资额
4	中间级 LP	中间级门槛收益
5	劣后级 LP	实际出资额
6	中间级 LP GP 劣后级 LP	中间级 LP 享有中间级超额收益（如有）的16% GP 享有中间级超额收益（如有）的4% 劣后级 LP 享有中间级超额收益（如有）的80% 其中：中间级超额收益＝（基金净收益－优先收益）×中间级 LP 出资额/（中间级 LP 出资额＋劣后级 LP 出资额）－中间级门槛收益
7	劣后级 LP	门槛收益
8	劣后级 LP GP	劣后级 LP 享有劣后级超额收益（如有）的80% GP 享有劣后级超额收益（如有）的20% 其中：劣后级超额收益＝（基金净收益－优先收益）×劣后级 LP 出资额/（中间级 LP 出资额＋劣后级 LP 出资额）＋根据中间级超额收益划分给劣后级 LP 的金额－劣后级门槛收益

资料来源：根据上市公司中国天楹公开披露信息整理。

由于结构化安排的融资速度相较银行并购贷款快，且对于投资者的偿付可以通过合伙协议约定，具有较高灵活性，因此华禹并购基金的结构化安排是满足收购协议短期交割资金的极佳做法，放大了并购基金的筹资能力，确保不会因违约而导致跨境并购方案失败。

（二）并购基金结构化的风险

结构化并购基金是指，将有限合伙制的并购基金出资人分为不同等级，如优先级有限合伙人和劣后级有限合伙人。优先级有限合伙人优先从合伙企业中回收其出资本金及约定的优先受益，劣后级有限合伙人在优先级获取其本金及收益后方可收回其本金并享受剩余收益。可以得出，在并购基金的结构化安排中，优先级有限合伙人的风险小于劣后级有限合伙人，这种融资方式可以吸引不少风险偏好较低的投资方担任优先级有限合伙人。

根据华禹并购基金的出资结构可知，对于劣后级有限合伙人来说，优先级有限合伙人和中间级有限合伙人的出资比例较多，经计算可得：

（优先级 LP 出资额 + 中间级 LP 出资额）/劣后级 LP 出资额 = 2.93

并购基金结构化的安排，实质上是利用高杠杆的形式吸引风险偏好较小的资金，劣后级有限合伙人相比优先级和中间级承担更多的风险。优先级与劣后级的出资额比率越高，杠杆效应就越明显。若劣后级有限合伙人盲目使用杠杆，同时自身偿债能力不足时，并购很可能因为融资结构的问题面临失败，劣后级有限合伙人还很有可能破产。结构化安排的风险传导过程如图 6－9 所示。

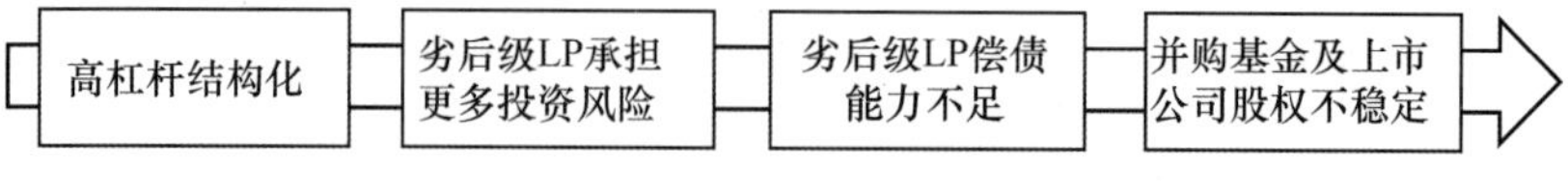

图 6－9　结构化安排的风险传导过程

资料来源：作者整理。

由于收益分配的顺序不同，优先级有限合伙人和中间级有限合伙人的出资对于劣后级有限合伙人来说具有债权属性，具有优先收回本金及对应于本金收益的权利，且杠杆倍数接近于3倍，从本质上来说，华禹并购基金的杠杆倍数较高，具有较大杠杆风险。

三　并购基金结构化拆除策略与风险控制、风险转换

结构化的并购基金原本以差额补足或回购承诺的兜底条款为主要特点，在这种模式下，优先级 LP 的本金和收益均不会暴露在较大风险之下，因此可以在极大程度上吸引投资方的加入，从而可以极度放大并购基金的募资能力。但在“新八线”及资管新规的出台后，并购基金兜底条款被约束使用，因此除去在政策出台前就存在的结构化并购基金，现存并购基金的结构化安排大多体现在收益分配的先后顺序上，即优先级 LP 取得本金和优先收益后，劣后级 LP 方可取得收益。这样的收益分配在市场下行的情况下，劣后级 LP 的风险同样很大。

（一）并购基金结构化拆除策略

华禹并购基金结构化的拆除策略通过部分各份额有限合伙人的退出和剩余合伙人重新签订合伙协议的方式终止了结构化安排。2017 年 11 月，为了降低杠杆风险，顺应“去杠杆”的金融环境，华禹并购基金各合伙人签署《有关中节能华禹（镇江）绿色产业并购投资基金（有限合伙）第二次修订及重述的合伙协议》并完成了华禹并购基金的工商变更和合伙协议备案，对于之前的结构化融资安排进行了拆除。上市公司、西安投资控股有限公司和华融国际信托有限责任公司退伙，中航信托股份有限公司将其份额转让给浙江厚信资产管理有限公司和新财道财富管理股份有限公司。具体拆除策略见表 6 - 13。

表6－13　　华禹并购基金结构化拆除方式

序号	合伙人	合伙人性质	变动
1	中节能华禹基金管理有限公司	GP	保持不变
2	华融国际信托有限责任公司	优先级LP	退伙
3	建银国际资本管理（天津）有限公司	优先级LP	保持不变
4	鹰潭市信银建辉投资有限合伙企业	中间级LP	保持不变
5	中航信托股份有限公司	中间级LP	转让份额给外部投资者
6	中合中小企业融资担保股份有限公司	中间级LP	保持不变
7	中节能资本控股有限公司	劣后级LP	保持不变
8	江苏大港股份有限公司	劣后级LP	保持不变
9	镇江高新创业投资有限公司	劣后级LP	保持不变
10	西安投资控股有限公司	劣后级LP	退伙
11	中国天楹股份有限公司	劣后级LP	退伙

资料来源：作者根据上市公司公开信息整理。

由表6－13可知，并非所有优先级LP均进行了退伙，华融国际信托有限责任公司进行了退伙，而建银国际资本管理（天津）有限公司同意作为有限合伙人和劣后级LP对收益具有同等的分配权，这体现了在拆除结构化过程中，优先级LP的风险偏好和对于投资的并购基金的预期的不同，会影响结构化拆除策略的具体安排。

同时，在华禹并购基金结构化拆除策略中，有3名有限合伙人采取了退伙的方式，对并购基金的风险和收益不再具有义务和权利。因此，对于并购基金来说，退伙资金的安排需要提前考虑到。由于本次中国天楹并购Urbaser是一起典型的“蛇吞象”跨境并购，并购标的体量巨大，中国天楹的资金需求极大，这也是并购基金原本结构化安排的根本原因之一。因此，对于中国天楹来说，退伙资金的筹措压力巨大，不仅在并购基金子公司江苏德展层面无法利用银行贷款或自有资金作为退伙资金来源，上市公司本身融资也较为困难。拆结构化后，华禹并购基金变成了平层的有限合伙企业，出资规模下降至26亿元，合伙人共计9位。结构化拆除后的华禹并购基金出资情况见表6－14。

表6－14 **结构化拆除后华禹并购基金出资情况**

序号	合伙人	认缴出资额（万元）	出资比例（%）	合伙人性质
1	中节能华禹基金管理有限公司	1000	0.39	GP
2	建银国际资本管理（天津）有限公司	30000	11.54	LP
3	鹰潭市信银建辉投资有限合伙企业	45000	17.31	LP
4	中合中小企业融资担保股份有限公司	20000	7.69	LP
5	中节能资本控股有限公司	30000	11.54	LP
6	江苏大港股份有限公司	10000	3.85	LP
7	镇江高新创业投资有限公司	20000	7.69	LP
8	浙江厚信资产管理有限公司	60000	23.07	LP
9	新财道财富管理股份有限公司	44000	16.92	LP
合计		260000	100.00	

资料来源：作者根据上市公司公开信息整理。

退伙后，剩余的优先级合伙人、中间级合伙人、劣后级合伙人和受让份额的新合伙人均成为有限合伙人，并签署了《有关中节能华禹（镇江）绿色产业并购投资基金（有限合伙）第二次修订及重述的合伙协议》，原合伙协议取消，收益分配不再存在先后顺序，全体合伙人同面风险、共担收益。

（二）结构化拆除策略中的风险控制

1. 上市公司退伙：防止交叉持股风险

华禹并购基金结构化拆除的策略是通过重新签订补充协议，使得上市公司、西安投资和华融信托得以退伙。上市公司中国天楹作为劣后级 LP，在结构化拆除的策略中实现了退伙，对合伙企业财产不再享受权利、负有义务。中国天楹在拆除结构化的时候采取退伙的策略，主要就是为了防范交叉持股带来的风险。华禹并购基金最初的设计是上市公司作为劣后级 LP 参与投资并购基金，若最后通过发行股份购买资产的方式对并购基金实行换股退出，交叉持股的现象毫无疑问会产生，相关的风险也是必然要面对的。因此趁结构化拆除之际，华禹并购基金对其出资结构进行了重新调整，不仅部分外部投资者实现了退出，上市公司也在此环节得到了退伙，规避了交叉持股带来的可能风险和重组会带来的合规风险。

2. 优先级 LP 的投资本金的优先偿还：降低上市公司出资风险

根据中国天楹公告显示，其从华禹并购基金退伙金额的支付是利用现金支付及资产支付相结合的方式，现金及现金等价资产价值总计不低于其退伙金额即 8. 5 亿元。其中现金等价资产是华禹并购基金所持有的江苏德展的股权，其价值关系为华禹并购基金每 1 元注册资本等于 1 元的价格，最终现金等价资产占退伙总金额 8. 5 亿的比例不超过 30％。

上市公司中国天楹作为华禹并购基金的原劣后级 LP，在本次结构化拆除环节中，得到了保本的退伙金额安排，且现金支付比例不低，现金等价物的支付也满足其并购整体策略需求。劣后级 LP 本应在优先级 LP 及中间级 LP 获得本金和约定的优先收益或门槛收益后方可取回自身的出资本金和超额收益，中国天楹在结构化拆除策略中获得了出资本金的偿还，这种保本的退伙安排降低了其作为劣后级 LP 本应承担的滞后于其他有限合伙人拿回出资本金导致自身很可能无法获得其出资本金的风险，这种类似于优先级的退伙安排体现了上市公司对于投资风险的控制，降低了自身的出资风险，毫发无伤地确保了本金的收回。

采用王竹泉等（2019）的财务衡量方法，[①] 表6－15和表6－16分别衡量了中国天楹并购前后资本负债率和资本杠杆的变化情况。由表6－15、表6－16可知，并购后中国天楹的资本负债率和资本杠杆都在不断下降。结构化主体的融资方式降低了并购后的财务风险。

表6－15　**并购前一年至并购后一年中国天楹资本负债率**　单位：%

年份	2016	2017	2018
资本负债率	57	52	47

表6－16　**并购前一年至并购后一年中国天楹资本杠杆**

年份	2016	2017	2016
资本杠杆	2.32	2.07	1.90

（三）结构化拆除策略中的风险转换

1．“绕道借壳”认定的合规风险

华禹并购基金在结构化拆除时转让江苏德展的34.49%股权给14个外部投资者的行为，疑似打散股权以达到绕道借壳的效果。在不出售江苏德展股权以回流资金的情况下，中国天楹的控制权形成了转移，需要接受借壳上市较高标准的审批。因此，华禹并购基金结构化拆除策略中，退伙资金筹措的策略可复制性具有一定风险，证监会若将该行为认定为突击打散行为，中国天楹最后一步发行股份支付现金购买江苏德展100%股权的行为就会被认定为借壳上市，审批标准严苛、审批耗时较长。因此，该结构化拆除的资金筹措方

① 参见本书第92页。

式造成的股权分散特征的风险之一就是监管部门对“突击打散”这一绕道借壳行为的认定，在效仿这一结构化拆除融资安排时需要结合后续重组交易特征着重考虑这一风险。

2. 现金支付比例高

根据中国天楹最终实行的交易方案，现金支付的比例从原1.24%上升到27.90%。现金支付对价总计247828.75万元，分别向华禹并购基金、中平投资、平安人寿以及平安置业支付128860.00万元、50231.25万元、52875.00万元和15862.50万元。交易完成后，中国天楹实控人严圣军及其一致行动人的持股比例由原草案的20.93%上升至23.93%，同时，第二大股东为中平投资及其一致行动人平安人寿、平安置业，第三大股东为华禹并购基金，持股比例分别为8.90%与8.66%。上市公司的第一大和第二大股东持股比例差距由6.78%上升为15.03%，同时第二大和第三大股东持股比例接近，可相互制衡，上市公司的控制权结构较为稳定。

由于结构化拆除方案造成的江苏德展层面股权分散，中国天楹在收购江苏德展100%股权时，需要考虑到保持实控人持股比例较为突出，与其他股东的持股比例差距较为明显，以保证控制权的稳定。为达到这一效果，必须在重组方案中向测算后持股比例较大的股东提高现金支付比例，因此现金支付数额增加。若募集配套资金失败，中国天楹采用其他方式完成融资安排的风险较大，可行性较低，最终体现为上市公司中国天楹控制权不稳定的风险。

四 结论与建议

中国天楹案例通过“风险形成—风险化解与控制—风险转换”的逻辑，探究了结构化并购基金形成中风险形成，到并购基金结构化拆除—风险化解与转换的故事。华禹并购基金结合市场上两种基本的结构化拆除策略，实现结构化融资安排，各合伙人同享收益、共担风险，使得原结构化安排下的杠杆风险得以消除，通过退伙人和退伙金额的特殊设计，满足了部分退伙人的利益需求并规避了后续重组交易中可能产生的交叉持股现象带来的风险，这一做法值得市场上其余需要拆除结构化并购基金的借鉴。虽然并购基金结构化拆除策略使得原杠杆风险不复存在，但由于拆除策略的特点，为资金安排带来新的风险。由于华禹并购基金拆除资金源自出售其子公司部分股权，导致了股权分散的特点，这会造成后续重组交易中“绕道借壳”的合规风险，提高重组交易中现金支付较多的可能性，由于并购基金短时间内无法迅速产生收益，又面临必要的成本费用支出，退伙资金的筹措对于结构化的成功拆除及并购基金的出资结构有重要的影响。因此，为了防范拆除策略下新风险的产生，需要重点考虑退伙资金的来源，结合并购整体进程思考采取拆除策略后的效果，如债权或股权资金来源方的性质、交易结构的稳定，以及上市公司控制权的稳定等。根据研究结论提出以下三点建议：

（1）并购基金结构化拆除策略会影响整个并购进程，因此需要结合并购整体进程设计结构化拆除策略。由于结构化的拆除在并购基金退出之前，因此重组交易的风险是结构化拆除环节中优先考虑的方面。上市公司可以利用拆除结构化的环节，重新设计并购基金的结构，加固并购基金的稳定性，消除后续交易可能出现的风险。上市公司可以通过提前退伙从根源上规避重组交易后产生的交叉持股风险，防止由此引起的内部控制人或内幕交易等可能性。

（2）结构化的拆除可以通过优先级股东转让股份或重新签订合伙协议实现，优先级的风险偏好和退伙资金的偿付是拆除策略得以成功的前提。在退伙的金额方面，需要在并购基金资金偿付能力允许的范围内考虑是否能够满足投资者原本的投资需求和风险偏好。在出资金额偿付的形式方面，需要同原出资人达成一致意愿，明确资产支付的比例。同时，结合现金支付的资产需要满足整个并购交易过程的需要。由于结构化拆除这一步骤一般发生于并购基金换股退出之前，因此结合整个并购交易过程来看，可以将上市公司股权作为出资金额一定比例的偿付资产。

（3）上市公司的资金实力是结构化融资安排及拆除策略的重要影响因素，需重点考虑结构化拆除策略的资金安排。对于份额众多的结构化并购基金，其拆除策略一般以部分投资者退出的形式与合伙协议的修改相结合的方式进行。退伙资金的来源对于“蛇吞象”的并购交易是重中之重。在并购基金自有资金较为缺乏的情况下，如何筹措退伙资金是策略中的一大难点，也是关键风险点。债权或股权资金来源方的性质、交易结构的稳定，以及上市公司控制权的稳定都是风险可能发生的来源。

第四节　中国企业海外并购融资与支付风险防范

在海外并购的财务方案设计和实施环节，并购所需资金的融资方式和支付方式选择是其中的关键。根据对中国近年来发生的主要上市公司海外并购案例的描述性统计分析可以发现，中国 A 股上市公司海外并购融资方式主要采用了并购方内部**自有资金和银行借款**，发行股票和债券融资及其他融资方式相对比较少。最近几年以来，通过并购基金参与海外并购融资的逐渐增加。简要的统计分析显示，中国企业海外并购价款的支付方式主要采用了**现金支付**方式，国际主流的以股换股等股份支付方式还相对较少，其他混合证券支付方式就更少。从风险角度看，采用自有资金融资和用现金支付方式，由于并购需要资金量巨大，这种融资方式和支付方式会给主并企业带来极大的现金流压力，控制不当，会造成企业日常经营现金需求的紧张，具有极大的现金流断裂风险。此外，大量即时现金需求，往往需要企业向银行等金融机构借款，借款会增加企业的长短期负债，增加企业财务杠杆，埋下财务风险隐患，如果不能及时筹集到偿还债务的资金，会引爆偿债风险。

通源石油并购 Cutters 案例和中国天楹并购 Urbaser 案例都是近几年发生的中国 A 股上市公司采用**并购基金**融资策略并购海外企业的案例。两个案例共同诠释了企业在采用并购基金进行海外并购过程中，财务风险形成—积累—转移—化解的过程。通源石油案例说明，并购基金“体外培育”策略能够有效帮助上市公司应对海外直接收购的融资风险和合并亏损标的的监管风险。在行业低谷期上市公司可以与金融机构合作搭建“上市公司 + PE”型并购基金过桥收购标的资产，但不将其纳入合并报表范围内，等到行业复苏时再择机将其注入上市公司。并购基金“体外培育”策略要求上市公司保持较低的持股比例，增加了上市公司控制权转移风险，导致资产注入难度更高，因此搭配采用“搭建平台、境外换股”的策略可以降低 A 股上市公司重组的政策风险和境外资产注入的整合风险。“搭建平台、境外换股”策略是指上市公司和并购基金分别以境外子公司和标的资产，对新设的海外持股平台注资，实现二者股权置换。

中国天楹案例通过“风险形成—风险化解与控制—风险转换”的逻辑，探究了结构化并购基金形成过程中，同时财务风险也形成，到并购基金结构化拆除—风险化解与转换的过程。该案例研究表明：第一，并购基金结构化拆除的策略会影响整个并购进程，若拆除策略风险较大，并购基金就无法成功退出，并购标的注入上市公司这一环节就会严重滞后；第二，结构化的拆除可以通过优先级股东转让股份或重新签订合伙协议实现，优先级对风险的偏好及退伙资金的偿付金额是拆除策略得以成功的前提；第三，上市公司的资金实力是结构化融资安排及拆除策略的重要影响因素，债券或股权资金来源方的性质、交易结构的稳定以及上市公司控制权的稳定都是风险的来源。弄清楚了风险的来源，风险就可知、可控、可防范。

第七章　中国企业海外并购后整合风险研究

第一节　整合风险理论分析

随着全球化进程的加速，海外并购越来越普遍，中国也有越来越多的企业走出国门。总体来看，海外并购前期标的选择、中期并购谈判以及后期的并购整合都存在一定的风险，但如果后期的整合工作没做好，更会使前期、中期的成果毁于一旦，因此后期的并购整合工作是制胜的最后一关，尤为重要。基于此，本章将聚焦中国企业海外并购后整合风险的研究。

一　企业海外并购整合的必要性与整合内容

（一）并购后整合的必要性与重要性

在具体的并购活动中，出现过不少失败的案例，究其原因是人们往往只重视并购前期和中期的活动，而对于后期的整合活动重视程度不够。成功收购后，决策者往往认为海外并购的关键环节已经攻克，通常都有松懈的表现，不好好落实并购整合计划。那么并购整合活动的重要性主要表现在哪些方面呢?

首先，科学合理的整合是并购活动达成企业目标的关键。企业并购的目的是为了追求对方的先进技术、科学管理以及市场占有率等，并购活动只是过程而不是企业最终目标。要达成这一目标，就需要对并购来的企业进行整合，使其真正能为收购企业的目标贡献应有的份额。目前学者们的研究表明并购整合不到位是并购失败的主要原因。科尔尼公司的调查表明：58%的企业并购没有达到管理层并购前预期的主要原因是对并购中最大的财务风险——并购整合风险的关注度不够。波士顿公司的调查表明仅仅有20%的企业会将并购整合作为并购计划的一部分。并购前对并购后整合活动的关注度不够，往往会导致主并企业低估预期协同效应实现的难度以及高估目标企业的价值导致定价过高等问题。协同效应的发挥、目标企业的定价则是达成并购目标的直接关键所在。因此为达成企业目标，主并企业应该在业绩选择时，就开始关注并购整合的难度，科学合理地制订并购整合计划。

其次，并购整合有利于为企业核心竞争力催生新的动力。企业核心竞争力可以从内部获得，也可以从外部获得。企业通过并购，快速获取标的企业的先进技术、科学管理方法以及市场占有率等。如果能通过后续的整合获得，使目标企业的这些优势资源为自身所用，无疑会高效增强并购企业的核心竞争能力，成为并购企业增长的新动力。此外，并购双方通过对企业资本、人员、技术等要素的整合，能够发挥规模经济，构成企业的成本优势。

（二）企业并购后整合的内容维度

海外并购由于信息的不对称程度增加，使得并购活动这样一项高风险投资的不确定性变得更高。为了达成并购目标，主并企业应基于目标企业的特点，从双方的客观实际出发，制订详细的并购整合计划。具体来看，并购整合的内容可以分为经营整合、管理整合和财务整合三个方面。

1. 经营整合方面

经营整合是指主并企业在并购后的经营管理中需要对被并企业的经营政策、经营战略等进行一定程度的调整和转变。

早期，企业为获得经营活动所需，共享全球资源，可能采用进口产品、购买先进专利，以及到国外建厂的方法。近期的海外并购活动，主并企业通过自己控制目标企业，可以更高效地满足企业经营所需。然而，成功控制目标企业之后并不意味着并购的成功。为了发挥协同效应，主并企业需要基于并购目标对目标企业进行不同程度的整合。如为了获取技术的海外并购，主并企业在购并之后，需要将目标企业的技术共享到企业现有的生产经营体系中，才能发挥协同效应。为了实现规模经济、快速进入市场以及占领市场，则需要整合双方的产能及归并双方的采购销售渠道、调整采购和销售的计划和产品等。对企业生产、销售、采购业务的整合，可以基于企业的价值链条来进行，由生产成本低的企业开展相应的业务，从而能够有效降低企业的整体成本。因此，主并企业在控制目标企业之后，需要基于并购目标学习被并购方的先进技术、生产管理经验等，需要进行生产、采购、销售等业务的整合等。

2. 管理整合方面

管理包括企业组织构架设置、人员配备与激励、制度规章的设置等，管理活动的开展需要既符合企业自身发展的要求，也符合外部环境的要求。对于海外并购，由于并购双方分处不同的国家，人员自身的文化传统和习俗不同，激励的方式也不同，同时外部的制度环境差异更大，企业自身的制度也与相应的国家匹配，因此管理整合的难度较大，需要企业有长久作战的准备，要从多个方面着手。

管理整合主要包括以下三个方面：（1）**信息流程**。企业的信息流程是包括物流、技术流、人力资源流等信息的综合系统。并购整合需要对企业的信息管理流程进行整合，以适应新时代背景下的信息快速传递的网络管理模式要求。（2）**规章制度**。主并企业和目标企业的规章制度可能存在着差别，此时主并企业应从并购目标出发，对不同的规章制度进行比对，取其精华，去其糟粕，以提高双方的管理水平。（3）**企业文化**。企业文化是企业的软实力，是经营和管理的精神核心，在企业管理实践中具有重要意义。并购之后，如果不能对文化进行必要的整合，则可能会导致双方企业员工间的矛盾。一个好的文化整合，可能会极大地激励员工，使并购双方员工都获得归属感，给企业带来倍增的好处。在跨国并购中，由于两个国家之间面临着风俗习惯、文化价值观念等的巨大差异，往往会比国内的并购更容易失败，因此，更需要管理层处理好文化方面的融合。

3. 财务整合方面

财务整合是并购整合的一条最重要的内容，企业的财务活动贯穿于企业经营管理的各个方面。通过必要的财务整合，能够达到反映目标企业经营状况以及控制目标企业经营活动的目的。因此，财务整合是否有效可以作为判断整个整合工作是否成功的依据。企业并购后，需要从财务管理体系、财务组织、财务核算制度以及现金流量管理体系整合四个方面进行财务活动的整合。

（1）财务管理体系整合

财务管理体系整合是财务整合工作的基础性活动，是财务整合的第一个环节。并购双方既往在经营、管理上都有很大的不同，整合时，应该综合考虑双方的状况，对双方都有利且适合的就保留，不恰当、不科学的就摒弃，充分整合双方的优点，使财务管理体系在新的体系下发挥应有的作用。

（2）财务组织整合

高效的财务组织结构是财务管理的关键之一。企业的活动都是由组织中的人来完成的，组织的科学性会影响人的积极性。海外并购后，企业的内外环境发生变化，应该根据经营和管理的要求选择和建立新的财务组织。精炼的财务组织会带来精炼的会计核算和财务管理，特别是对于那些大型的多元化的企业，这一点尤为重要。主并企业应充分考虑公司整体的规模、经营活动的特点等因素，避免组织不必要的重复设置，以提高组织的运营效率。此外，精简的财务机构还有利于降低成本费用。

（3）财务核算制度整合

具体的财务核算活动是受一系列核算制度规范和制约的，要做好财务核算工作，就需要密切关注财务核算制度。会计科目、原始凭证、记账凭证、会计账簿的管理是财务体系的前提，财务核算与之密切相关。不同国家会计制度存在差异，财务核算制度的整合要综合考虑国家制度情况和企业自身特点进行财务核算制度的整合。

（4）现金流量管理体系整合

现金流是企业生产经营的血液，对于现金流量的管理关乎企业能否生存。导致企业经营失败的原因往往不是亏损，而是现金流，因此在并购之后，对企业现金流量管理体系的整合非常重要。在整合的过程中，需要站在企业集团的角度上，把握现金流转方向以及流转路径，进行有效整合，避免现金流在转化点上的留滞，提高现金管理的综合水平。

二　中国企业海外并购整合风险的产生原因

本书基于经营整合、管理整合和财务整合三方面内容阐述中国企业海外并购整合风险的产生原因。

（一）经营整合风险：并购双方业务资源与市场定位的错位

海外并购使得具有不同业务资源组合的企业突然并存于同一企业中，这些不同的企业具有不同的优势和劣势。如果企业在并购中对资源分布进行必要的管理，则能发挥各自的优势，摒弃各自的劣势，提升企业的核心竞争力。因此，企业业务资源整合不是简单意义上的合并。并购双方之前的业务匹配度或技术含量存在差异，经营整合风险在于主并企业能否从总体发展战略的角度出发，基于对并购双方资源分布优势和劣势的了解，对并购后形成的新的实体进行资源分布安排。如果主并企业不清楚双方资源分布的优势和劣势，不能对资源分布进行必要的重新安排，将会影响企业的成长，还有可能危及企业的生存。

此外，海外并购通常涉及多个市场，并购双方以往在不同的市场进行定位，并购后的企业要如何定位，哪个策略占据首位，都是需要重新考量的问题，这是市场错位给海外并购后的企业带来的新挑战。在新的市场场景下，如果市场定位出现偏差，不但难以获得期望的竞争优势，甚至可能丧失既有的优势。在品牌方面，由于国与国之间的风俗习惯和文化价值观存在差异，不同国家的消费者对同一产品的认可情况也不同，因此在不同市场中品牌价值会发生很大程度的变化。所以，企业在进行并购方案策划时，就应该考虑并购后的市场定位安排以及品牌价值的变化，及时在市场定位上做出协调的变动策略，防止企业经营受阻。只有这样，才能防范企业经营整合带来的较大风险。

（二）管理整合风险：并购双方企业内外部文化与制度的冲突

并购完成后，主并企业需要进行管理整合以将目标企业纳入自己的发展战略中。在进行管理整合的过程中，主并企业面临的最大的问题是不同国家的文化差异以及不同公司的企业文化差异。受不同国家文化差异的影响，本就不同的企业文化的差异变得更大。由于企业价值观直接影响着企业员工的思维习惯和行为方式，所以企业价值观差异是产生冲突的核心所在。所以，在并购之后，主并企业应该对目标企业的员工进行必要的培训以达成对企业价值观以及相应行为方式和思维习惯的共识。同时，也应该对主并企业相应的员工进行必要的培训，使得双方企业的员工能够相互理解，以免由于文化的差异，产生矛盾冲突。

海外并购企业双方不仅面临着不同国家之间的制度差异，而且企业内部的制度也存在差异。在完成购并后，企业的规模扩大，信息传递的层级变多。此时，统一的管理制度对于企业实现内部控制来提高运营效率、防范运营风险是必要的。然而，在不同的制度背景下，将原本不同的管理制度整合成统一的管理制度并非易事。如果整合得不好，可能引起被并企业的反对，导致管理冲突，对企业的生存发展产生负面影响。

（三）财务整合风险：并购双方经营管理的财务协调性差异

在财务管理方式上并购双方两家企业通常也存在不同，比如相关财务管理体系的设计、财务管理机构的设置、财务会计核算方法往往不同。财务管理方式上的差异有可能使得并购后的经营成果与预期成果存在差别。具体来讲，财务整合不足，过度放权可能会导致内控中的部分财务管理机制失效；财务整合过度，给予被并购方的权力过小，可能会导致双方的矛盾冲突。

在具体的财务运转中亦存在整合的风险。由于各个国家宏观的环境、具体的经营环境存在不确定性，财务资金的运转可能受外部环境的影响而和预期产生差别，导致企业陷入财务困境中。而且，海外并购往往涉及大规模的借贷，往往需要企业未来的现金流做支撑。为了避免企业由于现金流断裂出现困境，就需要跨国公司适应现代信息化要求，创建反应迅捷的财务信息协调沟通机制，给予企业充分的反应时间，以降低财务整合的风险。

三　中国企业海外并购整合风险的应对策略

（一）协调企业战略目标与提升企业创新能力

相对于国内并购，海外并购随着信息不对称程度的提升，海外并购失败的概率也大幅提升。并购方应聘请中介服务机构进行充分的尽职调查，降低由于高信息不对称程度而导致目标企业产生逆向选择行为的可能性。在此基础上，应考虑整合的难度，制定与企业战略保持协调的并购目标。具体来讲，海外并购机遇与风险并存，中国企业在制定海外并购战略时应该保持理性，充分认识目标企业及其所处环境，使得切实可行的并购目标与企业的长期发展战略保持一致。

同时，还应有全面提升企业创新能力的整合计划。周全的整合计划应考虑并购双方资源的匹配协调程度，编制基于资源融合的提高企业创新能力的计划。随着主并企业自身创新能力的提高，并购后的企业对目标企业优势资源的利用程度将会提高。对目标企业优势资源的利用程度提高，将会提高企业整体应对经营整合风险的能力。

（二）扩大企业文化容忍度与重构企业人力资源

文化整合是企业并购整合中最困难的也最关键的部分。企业应考虑双方文化的差异，在分析的基础上制定出并购双方都能接受的整合方案。比如，企业应给并购双方的文化正确定位并进行合理的人事安排。同时，建立协调小组，加强对员工并购后的价值培训，增强员工的归属感，使其适应各种行为方式。具体来说，可以从以下两个方面着手。

1. 高层员工的安排：培养国际化人才，夯实人才资源梯队优势

在《并购成功的五要素》中，美国管理大师德鲁克指出“高层管理人员任免得当是公司并购成功的关键”。选派具有国际化视野和专业管理才能的主管人员是实现整合的关键。麦肯锡咨询公司调查发现：当并购方对目标公司经营业务不熟悉时，继续留用目标公司主管是不错的选择；现实中约有85%的并购方留用了目标公司经理人员。跨国经营人才的缺乏是目前中国企业海外并购遇到的一大难题，企业应该建立国际视野，培养国际化人才。

2. 普通员工的安置：留住关键人才，充分发挥目标企业的技术骨干力量

麦肯锡咨询公司的研究表明，在企业并购后，通常有47%的关键人员在1年内离职，有75%的关键人员在3年内离职。这表明，并购后很快离开的绝大部分是专门性人才。基于此，如何稳定和留住那些对企业未来发展至关重要的专门人才是整合阶段迫切需要考虑的问题。企业的竞争说穿了就是人才的竞争，在企业国际化的过程中那些懂国际经营、懂先进技术的人是最重要的资源，有效保留并激励他们，最终能带来羊群效应，能够起到

激励他们周围一批人的作用。并购企业应以关键人才为核心组建团队，把他们配置到合适的岗位上去，充分调动其积极性，使他们在新的环境、新的岗位上创造更好的成绩，使知识能力在团队中实现共享。

（三）内外兼顾的组织制度设计与模式改进

企业应考虑购并双方自身特点以及所处的环境特征，实行内外兼顾的组织制度设计与改进模式。

1. 组织制度设计

在海外并购的情况下，因文化和制度的多元性，要求组织制度具有更多的柔性和包容性。在分权和集权的处理上，要高屋建瓴，重大事项集权、具体事项分权，并购企业只需关注重大决策，事业部等新型组织模式可以更多采用，以保持组织的弹性决策，应对外界环境的复杂变化。在进行制度的转移时，要注意新制度的认可程度，内外兼顾，渐次改进。

2. 改进模式

在统一并购双方的制度时，要注意结合内外环境，对于不同环境情况采取不同的模式。面临的文化差异不大时，可以采用融合的模式统一制度；面临的文化差异大而企业自身有能力管理这种差异时，可以采用嫁接模式，为我所用；自身管理能力不足时，可以采用渗透模式，双方慢慢调整，以达到最优的制度整合。

（四）财务管理一体化的逐步实施

对财务风险，除了在并购前期通过尽职调查等方式获取充分资料，在并购中期确定合理的筹资方案外，在并购后期的整合中更要注意财务人力资源和财务管理体制的整合，以降低相关风险。在财务整合方面，具体来说要注意以下两点。

1. 重视财务人力资源整合，培养具有组织认同感和国际视野的财务团队

只有认同主并企业文化的财务队伍，才有可能在并购后同时服务于主并企业和被并购企业。主并企业应该培养一批具有高度的组织认同感的团队。同时，公司应培养一批通晓国际会计准则和英语的专业财会团队，这样才可能顺畅工作交流与沟通，缩减员工在企业文化方面的差异。

2. 重视财务管理制度建设整合，以达成一致的工作目标

在财务整合过程中，跨国企业财务队伍需要在工作中使用国际会计准则等专业标准。主并企业与目标企业在通用的专业语言基础上的沟通与交流，有利于迅速达成一致的工作目标。因此，整合的财务管理制度的建设应在国际相关标准的框架下进行。例如税务问题，各个国家往往存在差别，某个国家的税务专家往往难以短时间内熟练应用其他国家的税务准则，这就需要公司在税务方面进行制度协同与融合，以保证工作顺畅，达成一致的工作目标。

3. 统一并购后并购企业与目标企业的会计信息系统

企业做大后，资金统一集中管理和调配是防范风险和提高资金使用效率的重要措施。统一并购方和被并购方的财务和会计信息系统则是实现资金统一集中管理和调配的重要手段。

第二节　并购后整合风险研究
——成功案例：吉利并购沃尔沃

2010 年，浙江吉利控股集团有限公司（以下简称吉利）成功收购拥有 80 多年历史的豪华汽车品牌沃尔沃，李书福在接受

CCTV 采访时也用“农村小伙子追求国际巨星”来形容这次并购事件背后的戏剧性。吉利在当时作为一家被消费者认为长期生产低端汽车的民营企业，与沃尔沃这样拥有国际领先水平的管理团队和品牌及技术优势的高端企业，无论在品牌形象管理、产品质量，还是在运营管理水平上，都存在很大差距。在李书福“各自独立运营、基础平台共享”战略的清晰指引下，沃尔沃于 2013 年就实现了扭亏为盈，2018 年，吉利旗下各品牌累计汽车销量达到 215 万辆。2015—2018 年，吉利旗下汽车品牌销量从 100 余万辆迅速提升至 200 余万辆，实现跨越式发展。在 2019 年《财富》世界 500 强排行榜中，吉利以 496.65 亿美元营业收入居于排行榜第 220 位，连续七年位列世界五百强榜单。可以看出，在经过长时间的整合之后，吉利以一匹黑马的姿态进入中国汽车市场，如今已跃然成为中国自主品牌战略转型的成功典型，其整合策略与措施很值得我们研究和思考。

一 案例简介

（一）案例公司概况

吉利是一家总部设在杭州，由台州企业家李书福创办的以汽车及汽车零部件生产经营为主要产业的大型民营企业集团，始建于 1986 年，1997 年进入汽车行业。2005 年在香港证券交易所上市（股票代码：HK0175）。在 2019 年《财富》世界 500 强排行榜中，吉利控股集团以 496.65 亿美元营收位列排行榜第 220 位，同期提升 47 位，营收同比增长 20.6%。吉利汽车是中国民营汽车唯一入榜企业，也是国内拥有发动机自主研发能力的企业之一。

沃尔沃（VOLVO），瑞典著名汽车品牌，创立于 1927 年，是一家生产汽车和各种机械设备的制造企业。沃尔沃汽车性能优越，尤其在安全系统方面享誉世界，被称为“世界上最安全的汽车”。1999 年 4 月 1 日，福特汽车公司以 60 亿美元正式收购沃尔沃轿车业务。2008 年后，福特受国际金融危机影响，开始出现连年亏损，亏损额高达将近 300 亿美元，至此福特开始考虑业务重组，出售沃尔沃以回笼资金发展自身品牌。

（二）并购过程概述

2008 年 1 月，在底特律参加车展期间，李书福见到了福特汽车 CFO 道恩·雷克莱尔，表示希望收购沃尔沃汽车，遭到对方的拒绝。2008 年受国际金融危机影响，美国汽车销量下滑。同年 10 月，道恩·雷克莱尔退休，12 月 1 日，福特汽车明确表示要“认真考虑出售沃尔沃”。2009 年 1 月，李书福等吉利高层到福特总部进行洽谈。2009 年 7 月 16 日，吉利报价 20 亿美元竞购沃尔沃。2009 年 10 月 28 日，福特汽车宣布沃尔沃的优先竞标方是吉利，相关事项将在不久宣布；2009 年 12 月 23 日，福特汽车与吉利就出售沃尔沃的主要商业条款达成一致；2010 年 3 月 29 日吉利与福特汽车最终达成并签署股权收购协议。

（三）并购后整合风险

1. 文化整合风险

瑞典工会主席桑德默在吉利成功并购沃尔沃后曾表示“最主要的担忧来自于吉利是否理解沃尔沃的企业文化、沃尔沃品牌的价值、员工的工作方式。”企业文化包括愿景、使命、核心价值观等。首先，沃尔沃和吉利所遵循的企业价值观存在显著差异。沃尔沃作为全球高端的汽车品牌，其价值观是“质量、安全、环保”，基于满足客户需求，实现利润增长和产品更新，并强调产品的安全性。吉利的定位众所周知是主打大众化的中低端产品，倾向于利用价格优势吸引消费者的购买欲望。如果沃尔沃的定位不发生变化，它在具有巨大潜力的中国市场中将寸步难行，而吉利的低端形象又可能使沃尔沃在全球化的国际市场中难以为继，这对并购后的整合实施提出挑战。其次，成熟的沃尔沃有着一套适应本土的企业员工文化。瑞典作为北欧高福利国家，员工享有的社会福利待遇与中国差异很大，欧美国家强势的工会组织对企业发展影响很大，处理好与工会之间的关系和文化融合等问题，也是并购后吉利面临的一大难题。

2. 技术整合风险

吉利通过并购拥有沃尔沃 100% 的股权，但是受到法律限制，沃尔沃的相关关键技术和知识产权只有很少一部分能够为吉利所用。而且，福特汽车在转让沃尔沃所有权之前的一系列举措，使其仍然牢牢掌控了沃尔沃相当一部分知识产权与技术使用权。在吉利并购沃尔沃正式签约后，沃尔沃集团发表限制条款声明沃尔沃旗下一般品牌拥有权仍属于沃尔沃集团，同时在转移定价、技术转让方面也有严苛的限制条款避免关键技术流出。如果不能获得并利用沃尔沃的关键技术和研发平台，并购的效果将大打折扣。沃尔沃的安全性能优势为业界和消费者熟知，吉利如何将该优势为己所用，同时又不造成吉利的成本有太大涨幅影响企业利润，这也是吉利在利用沃尔沃技术的并购整合过程中内生的限制性条件，值得思考。

3. 管理整合风险

沃尔沃最有价值的核心资产之一就是负责研发、管理、财务、市场等方面的精英和经验，人力资源的整合是管理整合的一个重要方面。沃尔沃早在 2003 年就制定过完善的高管激励制度，通过股票期权留住优秀员工。而并购后集团内部缺乏整体统一的激励机制将会为吉利留住优秀员工留下隐患，沃尔沃作为高端品牌处于被并购地位，公司的优秀人才往往容易产生相应的心理活动，跳槽和被挖角的现象也会出现。吉利通过融资借债杠杆完成并购，承担高资产高负债风险，同时沃尔沃作为豪华企业制造商，销量远不及奔驰、宝马，但研发投入又和其差不多，导致较高的平均成本。如何通过应用吉利成本管理方面的成功经验，实施平台共享战略，扩大市场份额提高沃尔沃销量，尽可能控制生产成本，保证企业良好的盈利能力，是并购后吉利需要关注和警惕的。

4. 财务整合风险

吉利采用的会计核算体系和财务制度遵循中国会计准则，而沃尔沃在2009年实行新的会计制度遵循国际财务报告准则（IFRS）。两家企业采取的会计制度存在内容、整体定位和计量各方面的差异，如何使财务报表的标准相统一，财务信息可比，满足会计信息使用者的要求，是二者之间进行财务整合的风险和挑战。同时，吉利通过杠杆收购沃尔沃后，存在后续运营资金不足的风险，2007—2009年沃尔沃由于全球销量快速下滑，其自身经营处于亏损状态，吉利需要承担接下来几年沃尔沃可能持续的经营亏损。高额的偿债本息、运营成本和持续的后续资金投入，都将在并购后期挑战吉利资金链的稳定性和连续性，一旦发生资金链断裂，企业将会陷入财务困境。

二 并购后整合措施分析

吉利并购沃尔沃后采取的是“容纳型”整合模式。并购双方维持企业文化、运营、管理系统的独立性，保护被并购方沃尔沃公司全球领先的品牌价值，尽力避免员工之间的文化冲突，降低企业内部管理调和成本；在技术创新融合方面，积极追求技术整合的协同效应，共享基础资源，增进全球化规模化生产。

（一）并购双方运营相对独立

吉利从并购沃尔沃的最初开始，秉承着“放虎归山”“沃人治沃”战略原则，降低或消除并购交易成立后企业间调和的摩擦风险与文化冲突。JDPower 亚太区预测总监约翰·邦内尔（John Bonnell）表示，吉利经营沃尔沃“成功的办法将是接受和学习沃尔沃现有的管理，而不是主宰它，不要试图扼杀或者征服它”。

并购交易完成后，吉利维持了沃尔沃在瑞典的总部与研发中心的机能，保留了原来的研发中心和生产员工、经销商网络，继续坚持沃尔沃“质量、安全、环保”的经营理念。被并购后的沃尔沃在组织架构上未有较大变革，吉利瑞典控股集团的最高决策管理职位没有由浙江吉利控股集团有限公司董事长李书福或者吉利的相关人士担任，而是由沃尔沃的前任总裁兼首席执行官奥尔森（Olsson）出任，吉利在 8 名董事中仅占 2 个席位，亦延续了沃尔沃注重管理层讨论后再制定决策的制度，在管理团队上，吉利也没有直接派出中方人员，而是高薪聘请专业的国际化团队来管理，体现出吉利“沃人治沃”战略原则的诚意与贯彻执行。并购之后，吉利保证沃尔沃的品牌与运营独立性，以“无为而治”的方式，充分信任原管理团队，充分发挥原品牌的核心价值，保持现有沃尔沃团队的稳定、维护沃尔沃品牌形象。

吉利对瑞典沃尔沃的工会文化也非常尊重，保留了沃尔沃原有的工会组织，同时还帮助工会构建沃尔沃员工的福利制度，打消员工因为被并购后福利可能被弱化的顾虑，减轻其焦虑与不安全感，减少并购后的离职现象，从而减少人才与知识资产的流失，充分发挥主观能动性，提高沃尔沃员工的技术转移意愿，避免后续技术创新活动因为并购的发生而陷入停滞。

（二）技术整合实现协同效应

第一，通过沃尔沃向吉利进行技术转让，使吉利能够运用沃尔沃的技术；第二，通过双方研发人员的技术交流合作，解决研发产品中遇到的难点，提升吉利技术人员的研发能力；第三，双方进行技术合作开发，共同研发可以共享的新技术、新平台。

2012 年沃尔沃向吉利转让三项技术，GMC 升级平台、车内空气质量控制系统以及 GX7 安全革新技术。吉利基于 GMC 升级平台与原有的 NL 平台，借鉴沃尔沃安全性能技术，衍生出新车型 B 级轿车博瑞，其在 2015—2017 年连续三年在自主品牌 B 级轿车中销量排行榜中占据第一。2010 年 11 月，吉利和沃尔沃合作成立"沃尔沃—吉利对话与合作委员会"开展技术合作交流，2013 年合作在瑞德设立中欧汽车技术研发中心（CEVT），在这个研发平台上双方互相交流，沟通合作，提升自身的技术研发与创新能力。2017 年，在 CEVT 平台下合作研发的豪华紧凑型平台架构（CMA）正式投入使用，目前吉利控股旗下的新品牌领克与沃尔沃旗下 XC40 车型都来自这一架构。研发成果通过技术授权的方式在吉利控股集团内跨品牌共享，研发费用和采购成本由双方共担，推动各自品牌协同发展，这也是实现技术协同效应的重要平台。

（三）最大限度共享集团资源

并购完成后，吉利加大对沃尔沃欧洲的投资，促进沃尔沃原有事业的发展，同时也极力促进其在中国市场的发展。2011 年启动本土化战略在成都与大庆建立生产基地。吉利通过 CEVT 这个平台与沃尔沃共同合作，促进吉利与沃尔沃在技能、知识、资源方面相互学习，更大程度地促进双方能力与资源的融合，降低人力和开发成本。"沃尔沃—吉利对话与合作委员会"每年在中国和瑞典召开两次会议，通过对话机制，围绕双方汽车制造技术、相关零部件采购、产品潜在客户的市场影响、人才的培养计划等领域开展交流，实现信息共享与协作。吉利在成本控制方面具有成功的经验，通过精简供应商，改良内部控制系统等措施维持盈利能力。吉利通过与沃尔沃的共享，通过交易内部化，帮助其改善运营业务成本，最大限度降低采购成本，逐步提高集团内部品牌车型零配件和系统的通用性。通过这些方式，在双方原有事业运营维持独立性的同时，也为吉利与沃尔沃在集团各种资源共享以及未来新的事业内容方面的合作提供可能性并推动建设其实现的渠道。

三 财务风险衡量

采用王竹泉等（2019）的财务衡量方法，表7－1和表7－2分别衡量了吉利并购前后资本负债率和资本杠杆的变化情况。由表7－1和表7－2可知，并购前后吉利汽车的资本负债率和资本杠杆呈下降态势。这表明，给予沃尔沃相对独立的营运环境有助于吉利汽车的并购整合。良好的投后整合有助于降低企业财务风险。

表7－1　**并购前一年至并购后两年吉利资本负债率**　单位：%

年份	2009	2010	2011	2012
资本负债率	63	56	60	55

表7－2　**并购前一年至并购后两年吉利资本杠杆**

年份	2009	2010	2011	2012
资本杠杆	2.67	2.29	2.48	2.21

四 结论与启发

“成功的并购”并不意味着“并购的成功”。并购交易的完成往往只是一个开始，交易完成后的整合往往决定并购企业数年后能否平稳运行、实现盈利、提升企业价值。吉利并购沃尔沃后获得的成功，让我们回过头来看其并购后的整合策略与措施，其采取的是“各自独立运营、基础平台共享”整合策略，“容纳型”的整合模式，一方面让并购双方维持企业文化、运营、管理系统的独立性，保护被并购方沃尔沃公司全球领先的品牌价值，尽力避免员工之间的文化冲突，降低企业内部管理调和成本；另一方面在技术创新融合上，积极追求技术整合的协同效应，集团各个子汽车集团在基础技术研究、基础构架开放、基础管理经验和知识、集团品牌影响力方面共享基础资源，充分发挥了技术协同效应和资源共享的规模效应。该案例为中国企业海外并购后的整合策略与风险应对策略带来了重要的启发和参考。

（1）尊重被并购企业的文化，“和而不同”。经营管理做到充分授权并相互建立起互信关系。从大多数跨境并购的失败案例来看，并购后的整合出现问题不仅不能实现协同与规模效应，还可能引起并购方的动荡，导致并购失败。吉利在整合方面保持谨慎态度，一方面维护沃尔沃品牌的定位，一方面维持员工与管理层的稳定，为后续技术整合建立信任基础。

（2）充分利用被并购企业的优势，通过技术整合实现协同效应。吉利通过各种手段充分吸收利用沃尔沃的核心技术，突破并购企业通常存在的技术壁垒，在产品设计、研发制造上少走许多弯路。通过与沃尔沃在中国联合组建研发中心，在更贴近中国市场的同时实现全球化合作，降低研发成本，提升技术水平，实现技术协同效应。

（3）最大限度共享并购双方基础资源，在一些基础架构方面尽量寻求协同，实现规模效应，降低各自的成本，从而创造更多的价值。吉利通过 CEVT 这个平台与沃尔沃共同合作，更大程度地促进双方能力与资源的融合，降低人力和开发成本。吉利将成本控制的成功经验与沃尔沃共享并帮助其降低运营业务成本，最大限度降低采购成本。双方在原有业务运营保持独立性的同时，也为各种基础知识技术资源共享以及未来在新的事业内容方面合作提供可能性。

第三节　并购后整合风险研究
——失败案例：TCL 并购阿尔卡特

协同效应是海外并购价值创造的关键驱动因素，并购整合则是实现协同效应的关键环节。如果并购整合工作开展失败，则会使前期寻找和选择并购标的、中期设计并购方案，实施并购的成果毁于一旦。那么如何实现处于不同文化中的两个企业的成功整合呢？TCL 并购阿尔卡特手机业务的失败实践给后来的海外并购留下了很多值得学习思考的经验教训。TCL 和阿尔卡特“牵手”8 个多月就亏损 6.6 亿元，使得 TCL 集团整体的财务状况恶化，整体也陷入亏损之中。其并购失败的根本原因是 TCL 在经营整合、管理整合以及财务整合等方面的失败，使得预期的协同效应不能实现。具体来讲，经营整合失败体现在战略整合、研发整合、生产整合以及销售整合的失败上；管理整合失败体现在文化整合和人力资源整合的失败上；财务整合失败体现在财务系统缺少必要的统一导致合资公司的失控上。海外并购实践应认真学习思考 TCL 失败的原因，以史为鉴，提高并购的效益。

一　案例简介

（一）案例公司概况

1. TCL（并购前）简介

TCL集团股份有限公司创立于1981年，是国内领先的消费电子及通信产品的综合制造商，业务主要涉及多媒体电子、通信、家电、信息、电工和部品六大产业群。其中TCL品牌移动电话国内销量在国产品牌的移动电话中排名第二。TCL集团整体于2004年1月30日在深圳证券交易所挂牌上市（股票代码000100）。

TCL通讯科技控股有限公司（简称TCL通讯控股）于2004年2月26日在开曼群岛注册成立，其控股股东是TCL实业控股（2004年3月23日，经广东省外经贸厅批准，TCL集团在境外投资设立）。

2. 阿尔卡特公司简介

阿尔卡特公司于1989年在法国设立，其股票分别在巴黎Euronext主板市场和纽约证券交易所上市。阿尔卡特公司为企业提供电信解决方案，向其客户提供语音、数据和视频运用等服务。阿尔卡特手机业务主要由阿尔卡特苏州通信公司（负责研发和分销）、ABS移动电话部门（负责研发和分销）和Mexico移动电话部门（负责分销）三个公司组成。

（二）合资并购方案简介

TCL集团通过子公司TCL通讯控股与法国阿尔卡特公司的子公司AP公司于2004年6月18日订立《股份认购协议》，双方约定阿尔卡特公司以现金和全部手机业务相关资产、权益和债务（作价4500万欧元，约合人民币45117万元）投入合资公司（T&A公司），认购45%股份；TCL通讯控股以现金5500万欧元

（约合人民币 55143 万元）投入合资公司，认购 55% 股份。同时，双方约定，阿尔卡特在 4 年后有权向 TCL 出售其拥有 T&A 公司 45% 的股权。设立之后的股权结构如图 7－1 所示。

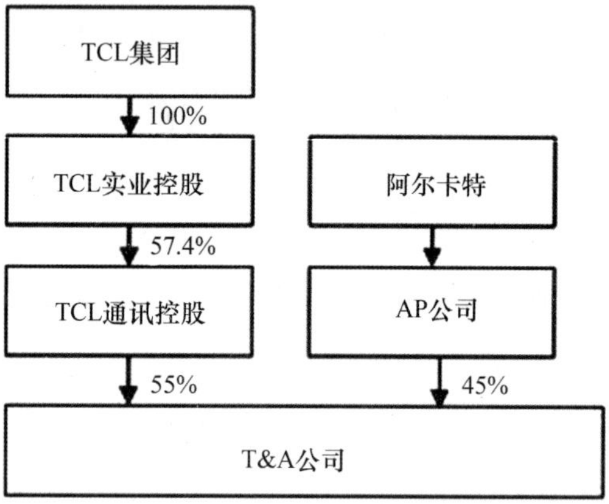

图 7－1　合资公司（T&A 公司）的股权结构

（三）并购动因分析

根据 TCL 相关的公告披露，其并购动因总结如下：

1. 实现 TCL 的发展战略目标

TCL 集团手机业务发展的目标是通过 3—5 年的自身发展和兼并重组，建立起手机业务的国际竞争力。这次合资有望成为实现上述战略目标的一个关键抓手。

2. 获取研发技术，降低研发成本

阿尔卡特投入的资产包括阿尔卡特集团现有手机业务已经拥有的全部知识产权。因此，本次合资可能降低 TCL 手机业务的知识产权成本。阿尔卡特集团具有成熟的研发团队，本次收购将有望提升 TCL 手机业务的声誉和研发能力。

3. 利用阿尔卡特的品牌、手机营销渠道

欧美市场都是由电信运营商控制，阿尔卡特集团移动电话业务已经运作近十年，与各大电信运营商具有合作关系。因此，此次并购将有助于 TCL 手机顺利地进入欧美市场。

4. 产生协同效应，降低产品成本

TCL 在惠州的生产基地产能过剩，TCL 计划合资并购完成后，在惠州的生产基地参与合资公司的生产，实现生产上的规模经济。此外，TCL 和阿尔卡特手机分销渠道的组合，也能够降低营销成本，增强市场的渗透力。

二　并购结果

合资公司的业务包括手机的研究、开发、分销和销售业务等。成立之后的 T&A 公司于 2004 年 9 月按计划正式投入运营，然而此次并购并没有发挥预期的协同效应。T&A 公司 2004 年净利润为 -282969982 元，2005 年第一季度净利润为 -378203955 元。TCL 投入的现金 5500 万欧元（约合人民币 55143 万元），仅仅在双方合资 8 个月后，就已经亏完，而且面临进一步的亏损。

T&A 公司不仅在财务上的绩效表现远远不如预期。在人才流失方面也非常严重。随着合资公司的亏损，T&A 公司 CEO 万明坚（TCL 手机业务创始人）引咎辞职。随着主管人员的辞职，他的团队下属人员也都纷纷离去。

根据 TCL 的披露，合资公司大幅亏损的原因是原先推行的成本控制措施还未见效，而且又进一步增加了新产品的开发投资，导致 T&A 公司经营成本偏高所致。其进一步披露的信息表明，经营成本高主要是由于欧洲主要的研发、销售中心 SAS 公司人力资本成本偏高所致。按照香港会计准则口径的计算，SAS 公司 2004

年扣除税及非经常性项目后亏损 2.89 亿港元，2005 年第一季度扣除税及非经常性项目后亏损 3.09 亿港元。

2005 年 5 月 17 日，TCL 发布公告称将收购阿尔卡特的子公司 AP 公司持有的 T&A 公司 45% 的股权，对价是 TCL 通讯科技发行股份总数的 5% 新股。而 AP 公司将向 TCL 通讯科技支付 2000 万欧元的现金。而且阿尔卡特承诺在 18 个月内分阶段接受 SAS 公司全部 360 名员工的雇佣合同。至此，TCL 收购阿尔卡特手机业务的并购活动宣告失败。

三　并购整合分析

如 TCL 集团董事会主席李东生所说，TCL 收购阿尔卡特手机业务失败的根本原因是并购后的整合失败。双方经营策略、人力资源、文化、管理等整合不利，未达到并购前所预期的协同效应，使得经营成本偏高。

（一）经营整合分析

战略方面，TCL 的战略目标是建立起手机业务的国际竞争力，是一个相对长期的目标。由于看重阿尔卡特手机业务中的专利技术所以成立合资公司；阿尔卡特之所以同意加入合资公司，很大程度上是为了摆脱亏损。在成立合资公司之前，阿尔卡特已经连续亏损 3 年。TCL 和阿尔卡特战略目标冲突，但两家公司又持股相近，仅相差 10%，因此 TCL 在资源使用上难以做到自主调用。

研发方面，按照 TCL 所披露的并购的战略动因是希望在公司中整合阿尔卡特手机业务的技术优势，从而控制研发成本，达到研发协同。然而，在收购完成之后，TCL 和阿尔卡特均保留了自己的体系，独立运营。

生产方面，按照预期，TCL 将参与 T&A 手机产品的设计和制造，解决 TCL 惠州生产基地产能过剩的问题。然而，合资公司成立之后，阿尔卡特的移动电话部门运营相对独立，代工厂依然是伟创力，并没有采用 TCL 在惠州的生产基地。因此，TCL 此次的收购并没有实现规模经济，也没有降低生产的单位成本。

销售方面，TCL 预期可以借助阿尔卡特移动电话业务的销售渠道经销 TCL 手机，进入欧洲市场，但双方的营销渠道并没有进行有效整合，也没有实现降低 TCL 营销成本的目标。

（二）管理整合分析

在文化方面，TCL 采用的是军事化管理的方式，而阿尔卡特强调的是西方人性化管理。由于不同的管理模式，两家公司员工的工作环境存在很大的差别。在 TCL 的文化中强调奉献精神，而在阿尔卡特的文化中，强调的是宽松而且受到尊重的工作环境。在成立合资公司之后，TCL 想在 T&A 公司推行 TCL 的文化，当然会遇到种种阻碍。阿尔卡特方面的管理人员抱怨中国方面的人员天天工作，而不知放松；TCL 方面的管理人员则抱怨阿尔卡特的管理人员周末期间不接电话，例如，TCL 董事会主席李东生就曾这样抱怨过。

在人力资源整合方面，TCL 同样遇到了种种阻力。这种阻力不仅来自双方的文化冲突，还来自阿尔卡特方面员工对 TCL 管理政策的不满。TCL 的薪酬待遇采用的是“低底薪加高提成”的方式，而阿尔卡特员工采用的是法国的薪酬模式“稳定的高薪收入”。合资公司成立后，TCL 在 T&A 公司推行 TCL 的薪酬待遇模式和激励机制，这使得阿尔卡特员工非常不适应，纷纷离职，大批人才流失。此外，合并双方的销售方式存在很大的不同，阿尔卡特人员不强调终端销售，重视市场分析，而 TCL 的模式恰好相反，重视终端销售，而不强调市场分析，所以大幅降低了阿尔卡特销售人员的待遇，使得大批的营销人才离职。

（三）财务整合分析

TCL 在收购合资公司之后，在财务方面的整合不利导致 TCL 对合资公司无法做到实时控制。李东生曾指出合资公司的运营中“虽然 CEO 和主要高管都是我们的人，合同也要 CEO 签字，但 TCL 方面并不清楚资金使用的具体事宜，很多方面已经失去控制”①。财务方面缺少战略性整合，导致 TCL 失去了对阿尔卡特方实际运营中资金流转等的控制。

四 财务风险衡量

采用王竹泉等（2019）的财务衡量方法，表 7－3 和表 7－4 分别衡量了 TCL 并购前后资本负债率和资本杠杆的变化情况。由表 7－3、表 7－4 可知，并购整合不利导致 TCL 集团的资本负债率和资本杠杆不断上升，财务风险显著增加。

表 7－3　**并购前一年至并购后两年 TCL 资本负债率**　单位:%

年份	2003	2004	2005	2006
资本负债率	33	38	50	51

表 7－4　**并购前一年至并购后两年 TCL 资本杠杆**

年份	2003	2004	2005	2006
资本杠杆	1.50	1.62	1.99	2.05

五 结论与建议

TCL 和阿尔卡特成立合资公司 T&A 才 8 个月就亏损 6.6 亿元，

① 蓝狮子、吴晓波：《鹰的重生：TCL 追梦三十年（1981—2011）》，中信出版社 2012 年版。

使得 TCL 集团整体的财务状况恶化，整体也陷入亏损之中，从而宣告并购的失败。

TCL 并购阿尔卡特的失败，很大程度上在于并购整合的失败。具体来讲，经营整合体现在战略整合、研发整合、生产整合以及销售整合的失败上。在成立合资公司 T&A 后，TCL 和阿尔卡特集团双方战略目标存在差异，但又持股相近，使得 TCL 不能完全掌握资源的调动，也不能实现战略的有效整合。成立合资公司 8 个月后，TCL 集团和阿尔卡特公司并没有将手机的研发业务、生产制造以及营销渠道进行有效整合，以实现规模经济，降低成本。管理整合体现在文化整合和人力资源整合上，TCL 和阿尔卡特生长于不同的文化中，采用了不同的人力资源政策。TCL 在收购阿尔卡特手机业务之后，推行 TCL 的文化，导致很多阿尔卡特员工不适应，纷纷离职，TCL 为此支付了比较大的离职成本。财务整合体现在财务系统缺少必要的整合从而导致了合资公司的失控上。因此，本书建议：

（1）并购前应进行充分的尽职调查，了解双方的文化差异，对并购整合做出预期。TCL 董事会主席李东生在 2014 年接受采访时，明确表示并购阿尔卡特时，仅仅谈判 3 个月就和阿尔卡特签约了，过于仓促。正是由于签约的仓促，缺乏详细的尽职调查，对未来估计过于乐观，才埋下了导致后续失败的风险隐患。

（2）海外并购时主并公司应尽可能掌握资源的自主调动，以实现企业的战略目标。在成立合资公司 T&A 后，TCL 和阿尔卡特集团双方战略目标存在差异，但又持股相近，TCL 不能完全掌握资源的调动，因此 T&A 公司的战略无法完全符合 TCL 集团的战略需求。

（3）海外并购之后，应尽快整合以实现协同效应，减轻主并方的资金压力。TCL 在并购阿尔卡特手机业务 8 个月后，两家公司的研发、生产、销售还属于两套体系，不能融合，无法发挥预期的协同效应。T&A 公司不到 9 个月的时间就亏损 6.6 亿元，使得集团整体也不堪重负。

第四节　中国企业海外并购后整合风险防范

海外并购后的整合阶段，是中国企业海外并购发挥协同效应，产生预期经济效益的关键环节。德勤、安永、普华永道和胡润易界的中国企业海外并购研究报告都显示，中国企业大多数海外并购案例都存在只重视收购，轻视并购后的整合的风险。并购后的整合包括业务整合、管理整合和财务整合。对于海外并购标的而言，存在比较特别的人力资源整合风险和文化整合风险。TCL 并购阿尔卡特后长期存在整合困难，难以发挥并购后的协同效应，有力地证明了海外并购后整合的重要性以及整合不好给企业带来的风险。吉利并购沃尔沃案例说明，自 2010 年吉利并购沃尔沃后 9 年来的实践证明其整合策略是有效的。吉利并购沃尔沃以后，一直保持沃尔沃汽车集团的独立运作，减少了由于文化差异导致的整合困难。同时，吉利各个子汽车集团在基础技术研究、基础构架开放、基础管理经验和知识、集团品牌影响力方面共享，发挥了协同效应和规模效应。正如吉利董事长李书福在吉利集团 2019 年的新年致辞中所说："2019 年，浙江吉利控股集团旗下的各企业依然是相对独立，协同发展。吉利是吉利，沃尔沃是沃尔沃，路特斯是路特斯，宝腾是宝腾，还有 Polestar 电动车，远程新能源商用车，伦敦电动汽车，大家各自围绕自己的用户，围绕自己的品牌定位，积极参与市场竞争，努力争取更多市场份额，但在一些基础技术研究，基础架构开发等方面尽量寻求协同，最大限度共享集团资源，降低各自成本，为用户创造更多价值。”[①] 我们把吉利并购后的整合经验概括为“各自独立运营，基础平台共享”的整合模式。我们觉得这一模式是很适合中国国情和中国大多数企业实情的一种并购后整合模式。这种模式的核心其实就是“少整合”和“不整合”，减少被并购企业由于文化和管理不同暂时难以融合的问题；但在基础知识和基础技能，乃至品牌上共享，最大化发挥国际品牌优势和技术优势，改造和提升我们自己，充分发挥规模效应和协同效应。

---

① 资料来源：吉利控股集团官方网站：www. geely. com。

第八章　结论与建议

第一节　主要结论

本项目通过研究海外并购财务风险问题的相关文献，结合中国企业海外并购的实践，以东山精密、时代新材、长电科技、通源石油、中国天楹、TCL和吉利控股等企业的海外并购实践为案例，深入分析了中国企业海外并购的标的选择、并购标的的估值与定价、并购方案中融资与支付方案的设计、并购后整合过程中的财务风险问题，得出以下五点结论。

一　关于中国企业海外并购的标的选择风险

海外并购的标的选择适当与否直接关系到海外并购的成功与并购后的整合效应的发挥，也是海外并购财务风险形成和潜伏的第一个关口。通过聘请标的所在地熟悉标的情况的海外知名投资顾问加强并购标的的尽职调查，审核并购目标企业与中国主并企业的战略契合程度，严谨细致评估被并购公司标的资产质量是降低海外并购标的选择风险行之有效的方法。

东山精密并购美国MFLX的案例研究表明，选择收购“**境外控制的境内资产**”，特别是欧美发达国家知名企业控制的、与主并企业同城同地的优质标的资产，是一条**减少并购方和被并购方信息不对称风险**，通过海外并购促进中国本土企业转型升级的有效途径。中国改革开放41年来，前30年基本上是外国跨国公司走进中国，形成了许多海外企业，特别是欧美和亚洲发达经济体的跨国公司控制的，在中国境内的优质标的资产。近10多年来，随着中国本土企业的发展壮大和综合实力的提升，中国本土企业**有能力**并购海外企业。同时，随着国内各种资源成本的上升和国际单边保护主义的抬头，海外跨国公司也有收缩的意愿，这使中国本土企业**有机会**去收购自己曾经非常了解的海外跨国公司控制的与自己具有业务协同和战略协同的境内标的资产。东山精密收购的MFLX公司控制的核心标的资产，就在与东山精密同城的苏州。由于对并购标的核心资产的充分了解，减少了并购方和被并购方的信息不对称，有效促进了资产的合理估值和收购对价的谈判，由于并购核心标的资产在当地非常出名，也减少了融资方东山精密与出借方——中国银行苏州分行和招商银行苏州分行之间的信息不对称，使得企业顺利在短时间内融到可靠的银行资金贷款，同时，由于定向增发的投资者对并购标的比较了解，也促进了后续东山精密定向增发股份的融资成功，从而能顺利偿还各并购资金债权人的借款，化解了并购形成的财务风险。

二　关于中国企业海外并购的估值与定价风险

在海外并购中，并购标的的估值与定价是个关键问题。中国企业作为并购方，如果出价过低，达不到海外被购并目标企业的心理预期，交易就不能达成；出价过高，被并购的标的企业未来达不到预期收益，就会恶化主并购企业的财务状况，埋下财务风险隐患。估值是定价的基础，先有估值，后有定价。估值受到评估主体、评估方法、估值方法中的核心参数估计和预测等因素的影响。估值会直接影响定价。也就是说，定价是在估值基础上的讨价还价。另外，定价可能还与买卖双方的谈判能力有关。

并购标的定价是基于标的估值，并购双方谈判博弈的结果。价格高，对卖方有利，对买方不利；价格低，对卖方不利，对买方有利。怎么找到一个双方都能接受的价格点，需要对未来不确定性风险的预测能力和判断力，也需要很高的谈判技巧和决断能力。因此，委托专业人士去做准备，如聘请专业的财务顾问作为企业海外并购的顾问，不失为一个好办法。

时代新材并购德国 BOGE 的案例表明，中国企业海外并购定价比较高，会导致企业亏损。时代新材并购标的定价比中介机构无论是采用收益法还是采用市场法计算的价格都高，导致公司并购后财务风险增加，2019 年不得不确认大量的商誉减值，导致企业亏损。

长电科技并购星科金朋的案例也显示，中国企业海外并购定价过高，导致企业支付过高的并购商誉，并购后给企业带来财务风险。并购之后，被并购企业星科金朋 2015—2018 年连年亏损，而且亏损额不断增大，导致主并购企业长电科技也陷入亏损。

相反，东山精密海外并购展示了主并企业通过审慎选择估值方法，合理确定估值区间，审慎定价，并购交易成功，并购后产生较好预期效益的案例。具体来看，东山精密对海外收购标的估值采用了收益法和市场法，但是市场法估值高于收益法估值。在谈判中，东山精密提出市场法是基于市场基础的，但市场受到外部干扰比较多，市场波动性比较大，随后并购双方达成了采用收益法的估值确定了对价，顺利完成了并购，而且并购后获得了比较好的效益。

总之，从前面研究可知，海外并购对标的公司可以采用市场法，也可以采用收益法。市场法一般基于有效资本市场，并具有可比的案例。收益法基于企业对标的资产未来产生现金流能力的可靠估计。由于海外并购的标的在境外，受到境外市场不确定性影响比较大，市场法需要慎重。更多的企业采用收益法，但收益法需要聘请专业财务顾问对标的资产进行专业的科学评估，不能草率地估计和决定，否则将给企业带来巨大的未来财务风险。

三 关于中国企业海外并购的融资与支付风险

海外并购能否成功，融资方案和支付方案的设计也是关键问题之一。在融资方式上，中国企业海外并购总体上利用自有资金和银行贷款的多，运用发行股票和债券的少，这可能与中国资本市场的成熟度有关。在银行贷款方面，由于并购需求资金量大，大多数并购案例选择银团贷款来分散风险。以股换股进行并购就更少。在支付方式选择上，中国企业海外并购绝大部分选择现金支付，而且使用美元。这与被并购方要求相关，也与美元的国际支付地位有关。

通源石油并购 Cutters 和中国天楹并购 Urbaser 都是最近几年发生的中国 A 股上市公司采用并购基金融资策略并购海外企业的案例。这两个案例共同诠释了企业在采用并购基金进行海外并购过程中，财务风险“形成—化解与控制—转换”的过程。通源石油并购 Cutters 案例说明，并购基金“体外培育”策略能够有效帮助上市公司应对海外直接收购的融资风险和合并亏损标的的监管风险。在行业低谷期上市公司可以与金融机构合作搭建“上市公司 + PE”型并购基金过桥收购标的资产，但不将其纳入合并报表范围内，等到行业复苏时再择机将其注入上市公司。并购基金“体外培育”策略要求上市公司保持较低的持股比例，增加了上市公司控制权转移风险，导致资产注入难度更高，因此搭配采用“搭建平台、境外换股”的策略可以降低A股上市公司重组的政策风险和境外资产注入的整合风险。“搭建平台、境外换股”策略是指上市公司和并购基金分别以境外子公司和标的资产，对新设的海外持股平台注资，实现二者股权置换。

中国天楹并购Urbaser案例通过“风险形成—风险化解与控制—风险转换”的逻辑，探究了结构化并购基金形成中风险形成—并购基金结构化拆除—风险化解与转换的故事。该案例表明：第一，并购基金结构化拆除的策略会影响整个并购进程，若拆除策略风险较大，并购基金就无法成功退出，并购标的注入上市公司这一环节就会严重滞后；第二，结构化的拆除可以通过优先级股东转让股份或重新签订合伙协议实现，优先级对风险的偏好及退伙资金的偿付金额是拆除策略得以成功的前提；第三，上市公司的资金实力是结构化融资安排及拆除策略的重要影响因素。债券或股权资金来源方的性质、交易结构的稳定以及上市公司控制权的稳定都是可能的风险来源，具体操作中要特别加以注意。

上述两个案例都显示，在中国企业海外并购中，并购基金是一种筹集资金、分散风险的有效方式。但在利用并购基金时，同时也要注意防控风险，特别是结构化并购基金实际上利用了金融杠杆，如果不及时拆除，必将在未来给企业带来更大财务风险。

四　关于中国企业海外并购后的整合风险

海外并购后的整合，是中国企业海外并购发挥协同效应，产生预期经济效益的关键。德勤等机构的研究报告都显示，中国企业大多数海外并购都存在只重视收购，轻视并购后整合的问题。并购后整合包括业务整合、管理整合和财务整合。对于海外并购标的而言，存在比较特别的人力资源整合风险和文化整合风险。TCL并购阿尔卡特的案例有力地证明了海外并购后整合的重要性以及整合不好给企业带来的风险。吉利并购沃尔沃案例说明，吉利采用“各自独立营运，基础平台共享”的整合模式和经验对目前情景下中国企业海外并购整合的有效性。

五　本书七个案例并购前后风险的测量结果

王竹泉等（2019）[①] 用中国 A 股上市公司 2008—2017 年的数据分析证明，传统的财务分析指标体系把企业财务风险高估了 40% 以上，构建了以资本负债率［=金融性负债/（金融性负债+所有者权益）］和资本杠杆［=（金融性负债+所有者权益）/所有者权益］为主要指标的财务风险衡量指标。我们用这两个指标计算出本书采用的七个海外并购案例在并购前后的指标数据，见表 8－1 和表 8－2。

表 8－1　**七个并购案例并购前后的资本负债率**　单位:%

企业名称	并购前一年	并购当年	并购后一年	并购后两年
中国天楹	57	52	47	—
TCL	33	38	50	51
吉利控股	63	56	60	55
东山精密	42	73	48	63
通源石油	9	13	18	23
时代新材	31	14	47	40
长电科技	53	46	64	71

注：“—”表示因该案例并购后两年数据尚未披露，故未计算出。

① 王竹泉等：《中国实体经济资金效率与财务风险真实水平透析——金融服务实体经济效率和水平不高的症结何在?》，《管理世界》2019 年第 2 期。

表 8－2　　七个并购案例并购前后的资本杠杆

企业名称	并购前一年	并购当年	并购后一年	并购后两年
中国天楹	2.32	2.07	1.90	2.82
TCL	1.50	1.62	1.99	2.05
吉利控股	2.67	2.29	2.48	2.21
东山精密	1.72	3.66	1.94	2.67
通源石油	1.10	1.15	1.22	1.30
时代新材	1.44	1.16	1.89	1.68
长电科技	2.14	1.86	2.77	3.50

从表 8－1 和表 8－2 可以看出，中国天楹、吉利控股并购当年及并购后财务风险指标都有所下降，东山精密在并购当年有所提高，但并购后一年和并购后两年的数据显示，财务风险有所下降。而 TCL、通源石油、时代新材、长电科技这四个案例并购后财务风险指标都是上升的，其中时代新材和长电科技并购当年财务风险指标下降，但并购后都上升。这一实证检验结果和本报告个案分析结果基本是契合的。

第二节　主要建议

一　宏观政策建议

1. 建议国家层面成立一个统筹协调、服务、监督、管理中国企业海外并购事务的机构——国家海外并购管理委员会或海外投资管理委员会。由这个委员会统筹协调国家发改委、商务部、中国人民银行、财政部有关中国企业海外并购的服务审批管理工作。认真贯彻落实“放、管、服”，简化审批手续，加快审批进度，但又要把该管的管住。对于明显不合适的并购标的的并购，明显并购定价溢价过高的并购，具有明显迹象转移大量资金的海外并购要坚决卡住。但对好的标的，真正的先进技术和有利中国实体经济发展、中国企业转型升级、中国企业高质量发展的海外并购要坚决支持，提升政府部门服务效率。很多好的标的的海外并购，有很强的时机性，有很多竞标的竞争对手，如果我们政府部门办事效率低，会严重影响中国企业的海外并购。东山精密最后融资贷款银行选择了招商银行，主要是因为招商银行效率高，而中国银行效率低。

2. 建议相关部门鼓励和培育中国从事海外并购顾问服务的中介机构，包括投资银行、咨询服务公司、会计师事务所、律师事务所、资产评估事务所。创造条件鼓励中国这些机构做大做强，“走出去”，与国际上同类知名中介机构联合或者成立伙伴关系，为中国企业海外并购提供及时的高质量的尽职调查、并购标的估值、财务顾问服务。

3. 完善和发展中国资本市场，提高中国资本市场效率。扩大中国资本市场的开放力度，让更多海外投资者了解和认同中国资本市场，了解和认识中国资本市场上的上市公司；为中国 A 股上市公司的海外并购采用股权置换，以股换股方式，“对赌协议”方式创造良好的资本市场环境；降低中国企业海外并购自有资金融资过大，现金支付金额过大的风险。

4. 大力培育和发展海外并购基金。海外并购基金在中国企业海外并购融资和降低融资债务风险中发挥着重要作用，但中国并购基金的规范运作和监管还比较不成熟，需要政府和政策面的大力支持。

二　微观对策建议

1. 选择“境外控制的境内优质标的资产”进行并购，特别是欧美发达国家世界知名企业控制的与主并企业处于同省、同城、同地的优质标的资产。

2. 选择优质的中介机构，特别是对并购标的所在国家或地区熟悉的世界知名中介机构做海外并购财务顾问。

3. 重视和加强并购决策前的尽职调查。

4. 在融资方式上，选择自有资金、银行贷款、银团贷款、过桥贷款、发行股份、并购基金、发行债券、卖方信贷等多种融资方式，分散融资财务风险。

5. 在支付方式上，尽可能减少即时大量的现金支付，积极探索采用股权置换、以股换股、对赌协议支付等分散支付风险。

6. 在并购后整合上，重视业务运营整合、管理整合和财务整合的结合，特别是财务整合，统一财务管理体系和财务管理信息系统。在并购后的早期可以吸收吉利并购沃尔沃后的整合经验：“各自独立运营，基础平台共享”模式。其实就是尽量“不整合”或者“少整合”，保持海外并购标的的相对运营独立，尽量减少过于统一、过于整合。“信任”可能是最大的激励。但基础平台采用共享策略，减少人力资源整合和文化整合风险。

7. 成功的海外并购，成功防范海外并购财务风险，让海外并购标的发挥协同效应，增加企业价值，人才是关键。以引进和自我培养相结合，大力引进和培养既懂中国国情，又有国际视野；既懂中国政策，又懂国际规则；既通中华文化，又明西方文化；既有家国情怀，又有普世价值观的国际化海外并购人才。

参考文献

陈仕华、卢昌崇：《企业间高管联结与并购溢价决策——基于组织间模仿理论的实证研究》，《管理世界》2013 年第 5 期。

崔学刚、荆新：《上市公司控制权转移预测研究》，《会计研究》2006 年第 1 期。

刁鹏飞、傅强、刁昊飞：《“一带一路”背景下我国企业海外并购估值风险研究》，《现代管理科学》2018 年第 3 期。

费一文、蔡明超：《上海股市股权收购效果分析》，《世界经济》2003 年第 5 期。

顾露露、Robert Reed：《中国企业海外并购失败了吗?》，《经济研究》2011 年第 7 期。

郭建鸾、胡旭：《中资银行海外并购的现实动因及目标选择策略》，《中央财经大学学报》2013 年第 3 期。

蒋冠宏：《我国企业跨国并购真的失败了吗？——基于企业效率的再讨论》，《金融研究》2017 年第 4 期。

李杰、李捷瑜、黄先海：《海外市场需求与跨国垂直并购——基于低端下游企业的视角》，《经济研究》2011 年第 5 期。

李善民、陈玉罡：《上市公司兼并与收购的财富效应》，《经济研究》2002 年第 11 期。

李善民、李昶：《跨国并购还是绿地投资？——FDI 进入模式选择的影响因素研究》，《经济研究》2013 年第 12 期。

李善民、毛雅娟、赵晶晶：《高管持股、高管的私有收益与公司的并购行为》，《管理科学》2009 年第 6 期。

李善民、曾昭灶：《控制权转移的背景与控制权转移公司的特征研究》，《经济研究》2003 年第 11 期。

李善民、周小春：《公司特征、行业特征和并购战略类型的实证研究》，《管理世界》2007 年第 3 期。

李双燕、汪晓宇：《控制权稀释威胁影响上市公司并购支付方式选择吗》，《当代经济科学》2012 年第 3 期。

李志军、王善平：《货币政策、信息披露质量与公司债务融资》，《会计研究》2011 年第 10 期。

刘淑莲：《上市公司并购重组演变与理论研究展望》，《会计师》2010 年第 4 期。

刘淑莲：《并购对价与融资方式选择：控制权转移与风险承担——基于吉利并购沃尔沃的案例分析》，《投资研究》2011 年第 7 期。

蓝狮子、吴晓波：《鹰的重生：TCL 追梦三十年（1981—2011）》，中信出版社 2012 年版。

庞明：《我国石油企业跨国并购财务风险分析》，《经济问题》2011 年第 8 期。

桑一、刘晓辉：《能源企业海外并购战略与风险识别分析——以中海油并购尼克森为例》，《财务与会计》2014 年第 1 期。

宋维佳，许宏伟：《资源型企业海外并购的绩效与风险研究》，《财经问题研究》2011 年第 1 期。

苏文兵、李心合，李运：《公司控制权、信息不对称与并购支付方式》，《财经论丛》2009 年 5 期。

孙淑伟等：《中国企业海外并购溢价研究》，《南开管理评论》2017年第3期。

田增润：《企业估值方法比较分析》，《中国外资》2013年第16期。

王海：《中国企业海外并购经济后果研究——基于联想并购IBM PC业务的案例分析》，《管理世界》2007年第2期。

王竹泉、王苑琢、王舒慧：《中国实体经济资金效率与财务风险真实水平透析——金融服务实体经济效率和水平不高的症结何在?》，《管理世界》2019年第2期。

王竹泉、谭云霞、宋晓缤：《"降杠杆"、"稳杠杆"和"加杠杆"的区域定位——传统杠杆率指标修正和基于"双重"杠杆率测度体系确立结构性杠杆率阈值》，《管理世界》2019年第12期。

温日光：《谁要求更高的并购溢价？基于国家集体主义的视角》，《会计研究》2017年第9期。

吴茹月：《企业跨国并购战略中的财务风险控制研究——基于中国移动并购巴基斯坦Paktel公司案例》，《财经问题研究》2013年第S1期。

项代有：《海外并购与财务风险——基于会计数据的小样本分析》，《财经论丛》2015年第8期。

谢发琴：《战略并购中目标企业的价值评估》，博士学位论文，厦门大学，2009年。

谢亚涛：《企业并购的绩效分析》，《会计研究》2003年第12期。

杨丹辉、渠慎宁：《私募基金参与跨国并购：核心动机、特定优势及其影响》，《中国工业经济》2009年第3期。

翟进步、王玉涛、李丹：《上市公司并购融资方式选择与并购绩效："功能锁定"视角》，《中国工业经济》2011年第12期。

张海亮、骆红：《企业金融化与海外并购财务风险》，《企业经济》2018 年第 8 期。

张金鑫、张艳青、谢纪刚：《并购目标识别：来自中国证券市场的证据》，《会计研究》2012 年第 3 期。

赵宇龙、王志台：《我国证券市场“功能锁定”现象的实证研究》，《经济研究》1999 年第 9 期。

［美］马克·L. 赛罗沃：《协同效应的陷阱》，杨炯译，上海远东出版社 2000 年版。

Andrade, Gregor, Mark Mitchell, and Erik Stafford, "New Evidence and Perspectives on Mergers", *Journal of Economic PerSpectives*, 2001, Vol. 15, No. 2.

Aybar, Bülent, and Aysun Ficici, "Cross-border Acquisitions and Firm Value: An Analysis of Emerging-market Multinationals", *Journal of International Business Studies*, 2009, Vol. 40, No. 8.

Billett, Matthew T., Jane F. Coburn, and John P. O'Keefe, "Acquirer Gains in FDIC-assisted Bank Mergers: the Influence of Bidder Competition and FDIC Resolution Policies", *Federal Reserve Bank of Chicago Proceedings*, 1995, No. 460.

Bruner, Robert F., "Does M & A pay? A Survey of Evidence for the Decision-maker", *Journal of Applied Finance*, 2002, Vol. 12, No. 1.

Copeland, Tom, Tim Koller, and Jack Murrin, "Valuation: Calculando e Gerenciando o Valor Das Empresas", *Trad. de Allan Vidigal Hastings. São Paulo. Editora Makron Books Ltda*, 2002.

Faccio, Mara, and Ronald W. Masulis, "The Choice of Payment Method in European Mergers and Acquisitions", *The Journal of Finance*, 2005, Vol. 60, No. 3.

Fischer Black, Myron Scholes, "The Pricing of Options and Corporate Liabilities", *Journal of Political Economy*, 1973, Vol. 81, No. 3.

Fisher, Irving, *The Nature of Capital and Income*, The Macmillan Company, 1906.

Fishman, Michael J., "Preemptive Bidding and the Role of the Medium of Exchange in Acquisitions", *The Journal of Finance*, 1989, Vol. 44, No. 1.

Hansen, Robert G., "A Theory for the Choice of Exchange Medium in Mergers and Acquisitions", *Journal of Business*, 1987.

Kim, Wi Saeng, "Wealth Effects of International Investments and Agency Problems for Korean Multinational Firms", *Journal of International Financial Management & Accounting*, 2003, Vol. 14, No. 3.

Lambrecht, Bart M., "The Timing and Terms of Mergers Motivated by Economies of Scale", *Journal of Financial Economics*, 2004, Vol. 72, No. 1.

Martin, Kenneth J., "The Method of Payment in Corporate Acquisitions, Investment Opportunities, and Management Ownership", *The Journal of Finance*, 1996, Vol. 51, No. 4.

Martynova, Marina, and Luc Renneboog, "What Determines the Financing Decision in Corporate Takeovers: Cost of Capital, Agency Problems, or the Means of Payment?", *Journal of Corporate Finance*, 2009, Vol. 15, No. 3.

Mattoo, Aaditya, Marcelo Olarreaga, and Kamal Saggi, "Mode of Foreign Entry, Technology Transfer, and FDI Policy", *Journal of Development Economics*, 2004, Vol. 75, No. 1.

Moeller, Sara B., Frederik P. Schlingemann, and René M. Stulz,

"Firm Size and the Gains from Acquisitions", *Journal of Financial Economics*, 2004, Vol. 73, No. 2.

Morellec, Erwan, and Alexei Zhdanov, "The Dynamics of Mergers and Acquisitions", *Journal of Financial Economics*, 2005, Vol. 77, No. 3.

Netter, Jeffry, Mike Stegemoller, and M. Babajide Wintoki, "Implications of Data Screens on Merger and Acquisition Analysis: A Large Sample Study of Mergers and Acquisitions from 1992 to 2009", *The Review of Financial Studies*, 2011, Vol. 24, No. 7.

Palepu, Krishna G., "Predicting Takeover Targets: A Methodological and Empirical Analysis", *Journal of Accounting and Economics*, 1986, Vol. 8, No. 1.

Rappaport, Alfred, *Creating Shareholder Value: the New Standard for Business Performance*, Free press, 1986.

Roll, Richard, "The Hubris Hypothesis of Corporate Takeovers", *Journal of Business*, 1986.

Ruback, Richard S., and Michael C. Jensen, "The Market for Corporate Control: The Scientific Evidence", *Journal of Financial Economics*, 1983, No. 11.

Shleifer, Andrei, and Robert W. Vishny, "Management Entrenchment: The Case of Manager-specific Investments", *Journal of Financial Economics*, 1989, Vol. 25, No. 1.

Stevens, Donald L., "Financial Characteristics of Merged Firms: A Aultivariate Analysis", *Journal of Financial and Quantitative analysis*, 1973, Vol. 8, No. 2.

附　　录

附录 A　东山精密并购 MFLX 公司调研纪要

附录 A1　东山精密并购 MFLX 公司调研提纲

感谢东山精密的大力支持，下面是本次调研的初步提纲，敬请批评指正！

1. 东山精密主营业务梳理。

2. 公司并购 MFLX 公司的动因？

3. 公司如何进行对 MFLX 公司的并购？

4. 公司如何选择并购标的？

5. 公司并购 MFLX 公司后如何留住人才？

附录 A2　东山精密并购 MFLX 公司调研纪要

【调研企业】苏州东山精密制造股份有限公司

【主持人】中山大学管理学院刘运国教授/东山精密副总经理赵秀田先生

【参与人员】书组成员/东山精密公司成员

【调研主题】调研、学习东山精密并购 MFLX 公司

【调研时间】2018 年 3 月 26—28 日

【调研地点】东山精密总部

调研内容纪要

近年来，东山精密进行了多起海外并购，逐步由一家传统制造型企业向一家高附加值创新型企业转变。此次调研旨在听取东山精密并购 MFLX 公司详细过程，为总结提炼中国企业海外并购经典案例和经验教训提供宝贵素材。

2018 年 3 月 26 日，在中山大学成本与管理会计研究中心主任刘运国教授的带领下，课题组成员来到东山精密，实地听取了东山精密副总裁赵秀田先生对东山精密并购 MFLX 公司的详细介绍。

东山精密副总裁赵秀田先生对书组的调研问题回答如下：

（一）东山精密主营业务梳理

东山精密创建于 1998 年，属于计算机、通信和其他电子设备制造业 。2010 年 4 月 9 日，东山精密在深圳证券交易所成功上市，主要经营范围包括产品结构研发、精密钣金制造、精密铸件制造、表面处理、精密组装、及时配送等。

（二）东山精密并购 MFLX 公司的动因

东山精密海外并购 MFLX 公司的动因如下：

第一，并购 MFLX 公司有助于东山精密扩展公司业务经营空间，推动公司的现代化转型。

在并购 MFLX 公司以前，东山精密的两大业务板块精密金属制造和精密电子制造的营收比大约为 5∶1。并购 MFLX 公司极大地推动了公司柔性电路板业务的发展，公司两大业务板块精密金属制造和精密电子制造的营收比约为 1∶4。

第二，并购有助于东山精密的进一步国际化。MFLX 公司在美国、新加坡、韩国、马来西亚、荷兰、英国等国家均设有分支机构，拥有超过30年行业经验，是国际FPC制造领域的执牛耳者。并购MFLX公司有利于加快东山精密的国际化进程，提升公司在全球电子行业的竞争地位。

第三，并购MFLX公司有助于东山精密完成由传统机械制造企业向高附加值创新型企业的转变，促进公司创新发展。在此次并购前，东山精密的主营产品为基站天线制造，是一家传统的机器制造企业。并购MFLX公司后，东山精密的业务领域拓展至柔性电路板的生产与销售，产品附加值和创新度大幅提高。此外，此次并购前，公司研发支出/营业收入大约为1%，并购后变为2.9%—3%。并购后，MFLX公司在苏州的员工由10000人变为20000人，苏州成为MFLX公司最大的生产基地。

（三）公司并购MFLX流程

东山精密通过全资子公司香港东山，在美国特拉华州投资设立一家全资子公司Dragon Electronix Holdings Inc.（即美国控股公司），并通过美国控股公司于美国特拉华州投资设立一家全资子公司Dragon Electronix Merger Sub Inc.（即合并子公司）。合并子公司与MFLX公司将于交割条件全部满足后依据美国特拉华州相关法律进行公司合并。本次合并完成后，合并子公司将并入MFLX公司，其法人地位终止。MFLX公司作为合并后的存续公司，将成为东山精密的一家间接子公司。合并后，MFLX公司将从纳斯达克证券交易所退市。

东山精密并购MFLX公司的流程如下：

2016年2月4日，东山精密第三届董事会第二十三次会议审议通过了《关于收购MFLX公司100%股权并签署〈合并协议〉等有关交易协议的议案》，拟通过非公开发行股票的方式收购MFLX公司100%。美国当地时间2016年2月4日，MFLX公司董事会审议并通过了本次收购交易。2016 年 2 月 22 日，东山精密第三届董事会第二十四次会议审议通过了《关于公司重大资产购买方案的议案》等与本次交易有关的议案。美国当地时间 2016 年 3 月 7 日，美国联邦贸易委员会正式通知有关本次合并的反垄断审查等待期（即美国审查机构决定是否进行进一步反垄断调查的期间）提前终止。2016 年 4 月 14 日，江苏省商务厅确认此次并购交易符合相关法律、法规规定。2016 年 4 月 27 日，国家发改委同意对此次交易予以备案。美国当地时间 2016 年 4 月 28 日，美国证监会对 MFLX 公司私有化交易的相关披露文件审查通过。2016 年 5 月 6 日，国家商务部审查通过了本次交易涉及的经营者集中事项。2016 年 5 月 12 日，东山精密 2015 年度股东大会审议通过了《合并协议》、《重大资产购买方案的议案》等与本次交易相关的议案。美国当地时间 2016 年 6 月 2 日，美国外国投资委员会 CFIUS 对本次交易相关的国家安全审查通过。美国当地时间 2016 年 6 月 17 日，MFLX 公司年度股东大会审议并通过了本次收购交易。2016 年 7 月 20 日，招商银行苏州中新支行就本次交易相关事宜进行了境外投资外汇业务登记。2016 年 7 月 27 日，东山精密顺利完成与 MFLX 公司的股权交割，MFLX 公司正式成为东山精密的间接全资子公司。美国当地时间 2016 年 8 月 8 日，MFLX 公司正式从纳斯达克交易所退市。

东山精密并购 MFLX 公司的交易对价为 6.11 亿美元，折合人民币约为 40.72 亿元。东山精密以现金方式支付全部交易对价。东山精密并购 MFLX 的融资方式为首先以并购贷款、公司自有资金支付全部价款；其次，申请非公开发行股票；最后，以股权融资偿还银行贷款。公司债权融资方案见表 A2 - 1。

表 A2－1　　　　收购 MFLX 公司债权融资方案概要

序号	融资来源		类别	融资规模	融资期限
1	招商银行	纽约分行	并购贷款	2.5 亿美元	4 年
				0.5 亿美元	1 年
		苏州分行		3.35 亿人民币（约 0.5 亿美元）	1 年
2	上海银行苏州分行		并购贷款	0.16 亿美元（约 1.07 亿人民币）	2.5 年
3	北京大潮资本有限公司（大潮稳健 5 号契约型私募投资基金）		短期融资	3 亿人民币（约 0.448 亿美元）	1 年
4	中国东方资产管理（国际）控股有限公司		过桥贷款	0.6 亿美元	2 年
5	袁氏父子（袁永刚、袁永峰、袁富根）		长期借款	10.2 亿人民币（约 1.52 亿美元）	3 年

资料来源：东山精密档案资料。

（四）东山精密并购标的的选择

东山精密选择并购标的的原则如下：

东山精密偏爱欧美治理模式的标的公司。欧美治理模式的公司治理体系健全，有利于东山精密强化自身公司治理。

选取主要生产基地在中国的公司。信息不对称是中国企业海外并购面临的主要问题。MFLX 公司的主要生产基地位于苏州市，与东山精密位于同一城市，有利于降低东山精密海外并购的信息不对称性。

选取具有先进 FCB 技术的企业。选取具有先进 FCB 技术的企业有助于东山精密加强 LCM、触控产品的研发、设计，进一步形成全方位、立体化的精密制造服务体系。

选取海外企业。选取海外企业有助于东山精密拓展海外市场，扩大客户基础。MFLX 公司的主要客户为小米和苹果。并购后东山精密借助共有的销售平台与营销网络打通全球市场。此外，公司副总裁赵秀田先生曾先后在美国飞创公司、美国休斯敦系统公司、美国 Celiant 公司和美国安德鲁公司任职，有丰富的留美经验。赵秀田先生的海外任职经验有助于东山精密更好地了解美国并购市场，也有助于和 MFLX 公司更好地沟通，增加并购成功的概率。

（五）东山精密并购后的人才政策

并购后，东山精密的人才政策可分为留住原有人才和引进外部人才两部分。在留住原有人才方面，东山精密采取了一系列善待员工的政策，具体包括不改变被收购公司 MFLX 公司原有管理层结构、为 MFLX 公司董事和高管购买为期六年的“董事及高管责任险”、不改变 MFLX 公司原有的员工薪酬激励及福利支付计划和同等对待中资、日资、韩资和欧美人才等。此外，公司也采取多项措施吸引外部人才来公司任职，促进公司进一步发展。

最后，课题组负责人刘运国教授代表课题组感谢东山精密的大力支持与帮助。同时，刘教授还表达了在东山精密等众多优秀企业的实践创造和经验分享下，课题组一定能出色完成财政部课题任务的信心和决心。

附录 B　吉利控股副总裁赵旸的深度访谈纪要

赵总，您好！我是财政部全国高端会计人才领军培养工程特别支持计划项目“中国企业海外并购中的财务风险问题研究”团队负责人——中山大学管理学院刘运国教授，想向您就吉利收购沃尔沃做一个采访，访谈信息仅仅作为研究报告内部资料使用。谢谢您的大力支持！

访谈提问人：中山大学管理学院刘运国教授

被访谈人：吉利控股副总裁赵旸

刘教授：今年刚刚公布了世界500强，中国企业突破了129家，首次超越美国的121家，意义非凡。当年林毅夫教授预测是在2030年，现在提前了11年。吉利作为一家纯民营企业，而且从事的汽车行业也是竞争性非常强的行业。吉利凭借自己的努力奋斗，在2012年就进入了世界500强，连续7年稳居其中，请赵总谈谈，吉利的海外并购，特别是吉利在2010年成功并购沃尔沃对吉利成为世界500强企业有什么作用和影响？

赵总：可以说，沃尔沃的收购和成功融合对于浙江吉利控股集团成为世界500强、吉利品牌自身成为中国自主品牌中的第一，都**起到了决定性的作用**。如果问我吉利汽车的转折点在哪里，那我应该会回答：在9年前收购沃尔沃之时。

第一，收购和成功整合沃尔沃的技术、人员、产能，使得吉利自主品牌的汽车设计、生产、安全性能、技术水平等方面都有了极大提升，短期内即赶上日韩系车的品质。

第二，沃尔沃为吉利体系引入了一系列世界顶级零部件供应商，加快了吉利培育一个完备、高质量的零部件体系。这点对于当时的中国车企来说，要靠自己完成是相对较难的。木桶原理在汽车制造中充分体现，一辆车在消费者眼中的综合品质往往取决于最差的几个零部件。所以一整套完备的零部件体系是整体实力与形象提升的关键因素之一。

第三，吉利沃尔沃联合采购有利于形成规模效应，降低总采购成本和平均采购成本。

第四，吉利沃尔沃联合研发，极大地降低了单一车型的研发成本。例如，目前吉利—沃尔沃体系广泛使用的CMA平台（Compact Modular Architecture，紧凑型模块化平台），基于其上，领克—品牌有一系列从轿车到 SUV 的车型，沃尔沃有 XC40 和 V40 的车型。

第五，收购沃尔沃等于做了一次全球性的广告，大大增加了吉利的知名度。

刘教授：当时吉利为什么要选择沃尔沃作为并购对象？有什么特别的考虑？有媒体报道，开始福特公司是不同意卖的，为什么后面又同意了呢？吉利用什么打动了他们？您觉得影响中国企业海外并购标的选择的主要因素是什么？

赵总：吉利选择沃尔沃作为并购对象，或者说能够成功完成收购，是一个双向选择的过程。

首先，在 2008 年美国爆发金融海啸之后，美国三大汽车企业通用、福特和克莱斯勒皆受到不同程度的影响，其中通用甚至要重组，原上市公司清盘。在汽车销售受压以致出现烧钱般的亏损的情况下，出售旗下品牌以换取资金是通用和福特一直在考虑的事情。事实上，通用还采用了取消旗下品牌以集中资源的“壮士断臂”的做法。

我们选择沃尔沃，一则考虑到沃尔沃是一个历史悠久，有技术积淀的品牌。沃尔沃汽车以安全著称，事实上，很多安全技术，如我们现在常见的三点式安全带，就是沃尔沃汽车发明以后无偿公布给所有汽车厂商使用的。而沃尔沃汽车在瑞典就有一整套完整的从研发、产研结合到生产销售的体系。这些，都是当时的吉利所急需的。

二来沃尔沃汽车作为瑞典当家的汽车品牌，体系完备，自成一体。只是恰逢福特要精简资产套现，才有机会以一个较低廉的价格将之收购。而且背后是整体工业技术实力及人才储备非常强的瑞典作支撑。这个机遇可以说是千载难逢。

当然，并不是说福特愿意卖，就一定能买得成，其他经历的困难不说，就瑞典的民众情绪、沃尔沃汽车的管理层、工会等是否情愿，就是一大难题。在这一点上，**李书福董事长展现出其博大的胸怀和对沃尔沃汽车的真挚热情（有诚则灵），承诺若收购成功后会加大沃尔沃研发投入力度，并且扩编扩产，进一步增强沃尔沃汽车在全球特别是中国市场的竞争力，让所有沃尔沃员工都能享受到企业成长的红利**。这些可能是真正打动沃尔沃的痛点。

刘教授：并购标的的估值和定价是很关键的，吉利并购的沃尔沃，听说开始福特报价是60亿美元，后来财务顾问估值15亿—30亿美元，后来成交价格是15亿—18亿美元？您觉得影响估值和最后成交价格的关键因素是什么？

赵总：这一部分业务我没赶上参与，我是2010年8月以管培生身份加入吉利的，当时定价已经完成。但据我理解，当时全球经济环境和福特自身面临的问题使吉利在收购对价这点上占据了主动。而且，在当时能够出这个价格，而又有可能在收购后将沃尔沃这样一个悠久的品牌经营好的企业绝无仅有。

刘教授：在2010年15亿美元，哇，100多亿人民币，当时吉利自己没这么多钱，怎么筹集的这么多钱？从资料上看，当时吉利控股自己筹集了11亿美元，中国建行伦敦分行贷款了2亿美元，福特公司卖方信贷2亿美元。为什么15亿美元都要现金支付？2005年吉利控股已经在中国香港上市，为什么不用吉利香港股票置换？您觉得是什么因素影响了中国企业海外并购的支付方式选择？当时一下子筹这么多钱，不容易，特别是民营企业（中国民营企业融资难、融资贵、融资歧视问题一直没有很好解决），吉利是怎么做到的？

赵总：资金筹集方面一部分是集团自有资金，一部分是两个地方政府提供的政策性贷款。具体细节我就不赘述了。

至于当时为什么不以香港上市公司股份支付，我的理解是一方面福特由于急需现金渡过难关，所以必然要求以现金付款，以股份付款福特无法立即变现，远水难救近火。另一方面，当时吉利在香港的上市公司吉利汽车控股有限公司的市值仅百余亿元，以股份作部分对价的话那得增发多少股份？而且沃尔沃当时还是巨额亏损，如果装入上市公司，就会立刻影响到当年的各项财务指标，这也是股东们不愿意看到的。

就中国企业海外并购的支付方式，一方面取决于在收购中是否占据主动，另一方面也取决于自身实力是否过硬。如果收购主体是一家股份非常“值钱”的公司，被收购对象怎么会排斥持有这家收购主体的股份呢？

至于融资，吉利首先是做到自身过硬，加上**深耕细作各种融资渠道**，除了股权融资之外打通了**俱乐部贷款、银团贷款和各种债券**等等的渠道，这时候，就可以以很低的成本解决资金需求。例如，2018 年一份月我司发行的 3 亿美元 5 年期企业债券，我们在标普仅 BBB - 的评级之下，发出了 5 年期 3.625% 的定价票息，这比和我们同一天发债的某 A - 级同条款债券还要低了 1/8。

刘教授：这些年，中国企业海外并购的案子很多，但并购后整合得好的，发挥出协同效应的好像不多。例如，TCL 并购法国阿尔卡特手机，就一直不顺，没有发挥效益。但是吉利很明显，大家都觉得吉利海外并购沃尔沃后真的不一样了，车的质量显著提高，品牌知名度也大大提升，我的一个朋友太太还非要买吉利生产的沃尔沃呢！这说明吉利沃尔沃质量真的是很不错。特别是在 2018 年大部分汽车厂家销售下降的情况下，吉利的车卖得特别好，从 2015 年的 100 万辆，突破到 2018 年的 215 万辆。真的是很不简单！您能否跟我们谈谈吉利是怎么整合沃尔沃的，怎么让它们发挥协同效应的呢？管理整合、业务整合和财务整合，吉利都是怎么做的？尤其是海外并购后，欧美企业文化与我们很大不同，吉利是怎么来处理这个海外并购标的的人力资源的整合和文化整合的呢？吉利有什么绝招和经验？或者您对中国企业海外并购后的整合有什么好的意见和建议？

赵总：我想，首先吉利自身有着比较好的技术基础，包括一批能够和沃尔沃汽车各级别员工都能够对接的人员，这点非常重要，否则就无法沟通，更不要说赢得沃尔沃同事的信任了。同时，**原来的老吉利以拼搏敬业的精神也赢得了沃尔沃同事的尊重**。一个侧写：**瑞典实行每周4天工作日，**可以选择周一在家远程。收购伊始，沃尔沃工会就表示**沃尔沃的工人不会加班，即使给加班费也不愿意**，更不要说在休息日工作了。结果几年下来，**他们被老吉利的勤劳、肯干、负责任打动了，他们主动提出手机24小时开机接受工作任务**。当然，**有效的激励机制**也是非常重要的。

特别地，**充分的授权和信任（信任是最大的激励）**，也使得沃尔沃汽车管理层敢于作为，有效地提升了沃尔沃产品质量，使得企业快速扭亏为盈。

非常感谢赵总百忙之中接受我们的访谈！

个人简历及特支计划培养期间发表的研究成果

一 个人简历

刘运国，1966 年 1 月 7 日生，湖北武汉人，1995 年 7 月获得长春税务学院经济学（会计学）硕士学位，2001 年 9 月获得厦门大学管理学（会计学）博士学位，中山大学管理学院教授、博士生导师，中山大学成本与管理会计研究中心主任，兼任中山大学新华学院会计学院院长、中国会计学会管理会计专业委员会委员、中国成本研究会常务理事、财政部会计领军后备人才（学术一期）、财政部管理会计咨询专家、财政部全国高端会计人才培养工程特殊支持计划（第三批）入选者、入选“财政部名家培养工程”（2019）、CGMA 北亚 100 领袖智库成员、《中国管理会计》编辑委员会委员、《管理会计研究》编委会副主任。

2006 年 9 月至 2007 年 2 月、2010 年 5 月至 2011 年 6 月赴美国休斯敦大学鲍尔商学院会计与税务系访问，曾担任中山大学管理学院会计学系主任助理、中山大学社科处副处长、中山大学管理学院院长助理、副院长，内蒙古自治区人民政府金融工作办公室副主任（挂职）、内蒙古财经学院院长助理（挂职）等。

1995 年以来，一直从事高校本科生的《基础会计学》《管理会计学》《成本会计学》《财务管理》、加拿大 CGA 班—MA1\MA2 教学工作，并承担 MPAcc、MBA、EMBA、MPM、EDP 等与管理会计相关的《高级管理会计》《高级管理会计理论与实务》《战略管理会计》《财务报表分析》《项目成本管理》等课程教学任务。主要从事成本管理会计、企业财务管理与公司治理领域的教学与研究，主持国家自然科学基金面上项目“互联网商业模式对高管薪酬契约的影响研究”“激励创新的高管薪酬契约研究——侧重风险视角”“动态高管薪酬契约研究：基于战略视角”，国家社会科学基金项目“节约型经济增长模式下企业成本管理理论与方法研究”，与胡玉明教授合作作为第一参与人承担国家自然科学基金重点项目“中国企业管理会计理论与方法研究”子课题，作为第一参与人主持国家自然科学基金重大项目“会计、审计对企业经营管理与宏观经济发展的影响研究”子课题，主持教育部项目“产权性质、R&D 支出与公司价值”、财政部重点课题“新会计准则在广东上市公司应用的效果研究”、财政部管理会计重大招标课题“不同商业模式、组织模式、管控模式下管理会计应用研究”、财政部领军工程特别支持计划项目“中国企业海外并购的财务与会计问题研究”，以及广东省社会科学基金、广东省软科学等多项省部级课题。近年来，在 *Journal of Accounting, Auditing and Finance*, *China Journal of Accounting Research*, *China Accounting and Finance Review*, *Pacific-Basin Finance Journal*, *Corporate Governance: International Review*,《管理世界》《会计研究》《审计研究》《南开管理评论》等国内外权威刊物发表论文 70 余篇，著有《经验研究方法在现代管理会计研究中的应用》《合并会计报表实务》《管理会计前沿》《政府及非营利组织平衡计分卡》《管理会计研究》《管理会计学》《管理会计学学习指导书》《平衡计分卡实用手册》

《高级管理会计：理论与实务》《中国情景的管理会计案例研究》等著作12部。获得中国会计学会2006年优秀论文二等奖、2009年优秀论文三等奖、2011年优秀论文三等奖；广东省政府第三届（2008）、第四届（2010）和第五届（2013）哲学社会科学优秀成果论文类三等奖，两次何氏教育基金杰出教贡献一等奖（2015、2019），宝钢全国优秀教师奖（2018）。

二　培养期间发表的科研成果

1. 徐悦、刘运国（通讯）、蔡贵龙：《高管薪酬粘性与企业创新》，《会计研究》2018年第7期。

2. 杨世信、刘运国、蔡祥：《鱼和熊掌能否兼得？会计师事务所效率与审计质量关系研究》，《会计与经济研究》2018年第5期。

3. 刘运国、钟秀琴、刘芷蕙：《购买境外控制的境内资产——基于东山精密海外并购案例》，《财会通讯》2018年第35期。

4. 刘运国、李思琪、刘洋：《我国酒店业海外并购动因与效果研究——以锦江股份并购卢浮酒店为例》，《财会通讯》2018年第34期。

5. 刘梦宁、刘运国、江伟：《供应商集中度与盈余管理》，《中国会计评论》2018年第3期。

6. Shixin Yang, Yunguo Liu, Qiongdan Mai, "Is the Quality of Female Auditors Really Better? Evidence Based on the Chinese A-share Market", *China Journal of Accounting Research*, Vol. 11 (4), 2018.

7. 杨世信、刘运国、田巍：《转移定价的理论演化与研究综述》，《社会科学家》2018年第8期。

8. 杨世信、刘运国：《基于不同理论视角的转移定价研究》，

《广西教育学院学报》2018 年第 6 期。

9. 刘运国、曾昭坤、刘芷蕙：《互联网平台商业模式对企业绩效管理的影响研究——基于滕旋的案例分析》，《中国管理会计》2018 年第 4 期。

10. 廖歆欣、刘运国、蓝海林：《中国证券公司的集团化管控模式选择研究——以海通证券和广发证券为例》，《管理会计研究》2019 年第 4 期。

11. 刘运国、陈文川、李安兰：《中国管理会计：新时代、新机遇、新挑战——中国会计学会管理会计专业委员会 2018 年学术年会综述》，《会计研究》2019 年第 2 期。

12. Wei Jiang, Yunguo Liu, Gerald J. Lobo, Yue Xu, "Deferred Cash Compensation and Risk-taking: Evidence from the Chinese Banking Industry", *Pacific-Basin Finance Journal*, Vol. 53, 2019.

13. 杨世信、刘运国（通讯）、蔡祥：《组织特征与会计师事务所效率实证研究》，《审计研究》2018 年第 1 期。

14. 刘运国、龙彦行、曾昭坤：《大股东违规减持信息披露市场反应研究》，《财务研究》2017 年第 4 期。

15. Yue Xu, Yunguo Liu（通讯），"The Determinants and Consequences of the Dynamic Compensation Inconsistency in Top Management Teams: Evidence from Chinese Listed Firms", *China Accounting and Finance Review*, Vol. 19 (2), 2017.

16. 刘运国、刘梦宁、张丽拉：《企业成本内外转嫁与企业转型升级》，《财务与会计》2017 年第 9 期。

17. 刘运国、郑巧、蔡贵龙：《非国有股东提高了国有企业的内部控制质量吗？——来自国有上市公司的经验证据》，《会计研究》2016 年第 11 期。

18. Wei Jiang, Xinxin Liao, Bingxuan Lin, and Yunguo Liu, "The Effect of Compensation Disclosure on Compensation Benchmarking: Evidence From China", *Journal of Accounting, Auditing and Finance*, Vol. 33 (2), 2018.

19. Yue Xu, Yunguo Liu and Gerald J. Lobo, "Troubled by Unequal Pay Rather than Low Pay: The Incentive Effects of a Top Management Team Pay Gap", *China Journal of Accounting Research*, Vol. 9, June 2016.

20. 廖歆欣、刘运国：《企业避税、信息不对称与管理层在职消费》，《南开管理评论》2016年第2期。

21. 刘运国、岑晓君、曾昭坤：《家族企业传承背景下职业经理人激励机制研究》，《财会通讯》2017年第23期。

22. 刘运国、何倩、曾昭坤、张丽拉：《基于全生命周期理论的企业成本企划管理研究——以G汽车公司为例》，《财会通讯》2017年第2期。

23. 邝颂文、刘运国、曾昭坤：《BSC在企业内部财务负责人绩效管理中的应用》，《财会通讯》2017年第26期。

后　记

学海无涯苦作舟，学无止境。自 1995 年硕士毕业到广东商学院任教起，我在高校任教已经 25 年有余，到中山大学管理学院工作也已经超过 20 年。虽然做了一点事情，但时时深感不足和压力。1998—2001 年我在厦门大学师从恩师余绪缨教授攻读博士学位，余老师及其厦门大学的老师和各位师兄弟给了我学术上很大的帮助和提升。2001 年我到香港会计师事务所实习半年，2002—2004 年参加博士服务团到内蒙古挂职两年，2006—2007 年和 2010—2011 年到美国休斯敦大学做访问学者，2006 年 4 月至 2012 年 11 月入选财政部学术领军人才一期并完成培养计划，顺利毕业，2007 年 12 月被评为教授，2008 年被评为博士生导师，这之后加上出国和担任管理学院院长助理和副院长的行政工作，也加上自己的惰性，在学术上，我时常有些懈怠和耽误。在财政部全国学术领军人才计划后，财政部又推出了特别支持计划（后领军计划），第一期和第二期我都不敢报，因为其中有个条件是要发表两篇英文论文，我没有，达不到条件，深感自己落后。看到自己一起在财政部学术一期领军班同学毕业后不断进步，很多同学都入选了财政部特别支持计划一期或者二期，真的是深感自己落后了，也切实体会到"不进则退，慢了也是落后"的深刻道理。后来，经过一段时间努力，我发表了两篇英文论文，在 2016 年申请并成功地入选了财政部特别支持计划第三期。这个特别支持计划要求我们每位入选者三年内完成一个研究项目，开始我选择的题目是“中国企业海外并购的财务与会计问题研究”，比较大，后来经过与导师魏明海教授多次讨论并经过 2018 年中期汇报会后把题目缩小修改为“中国企业海外并购的财务风险问题研究”。为了完成这个项目，我和我组织的团队平时注意收集各种资料，并到惠州的 TCL 集团公司和苏州的东山精密实地调研，在 2018 年暑假和 2019 年暑假放弃所有的休假和各种会议及讲座活动的安排，全力投入完成了研究报告，这是本书的由来和基础。

本书是根据财政部全国会计领军人才培养工程特殊支持计划课题研究项目（以下简称“财政部特支计划研究项目”）的研究报告撰写而成，在此，我要特别感谢“财政部特支计划研究项目”的支持！感谢财政部会计司和上海国家会计学院的各位领导、老师对本项目研究提供的指导、支持和帮助！特别是要感谢具体负责我们这个项目的财政部会计司会计人员管理处的崔华清处长、上海国家会计学院的叶小杰老师、张力骁老师和赵云燕老师。尤其要感谢参加 2018 年中期报告会的专家的费心指点，他们是：暨南大学校长宋献忠，上海国家会计学院院长李扣庆，财政部会计司原副司长、现任中国注册会计师协会秘书长舒惠好，中化集团总会计师杨林，瑞华会计师事务所首席合伙人兼浩华国际主席杨剑涛；感谢 2019 年 8 月结项汇报会的专家的费心指导，他们是：财政部会计司副司长孙志、中国注册会计师协会秘书长舒惠好、上海国家会计学院院长李扣庆、北京工商大学副校长谢志华和中兴通讯高级副总裁兼 CFO 韦在胜。各位专家的意见和建议使本项研究受益匪浅。特别感谢我的指导老师——广州大学校长魏明海教授对本项目的持续的关心、指导和帮助！无论魏老师多么忙，都会及时回复我的邮件或者微信，并抽时间到我们在同一楼的中山大学管理学院他的学术办公室与我讨论。每次与魏老师讨论后都会使我如迷雾中见到日出，豁然开朗。感谢我们系的同事钟秀琴副教授，她介绍我结识了她本科中山大学的同学——东山精密的赵总，并陪同我们亲自到江苏苏州东山精密调研；感谢东山精密副总经理赵秀田、财务总监王旭；TCL 集团原副总裁兼 CFO 黄旭斌，TCL 集团原副总裁兼 TCL 金控公司总裁，现任 TCL 集团首席运营官（COO）兼首席财务官（CFO）杜鹃女士，TCL 集团财务部原总经理杨安明、集团财务管理部部长吴宗海、吉利控股副总裁赵旸等实务界人士对本项目提供实地调研与访谈的支持！感谢财政部特支计划三期同学：中国人民大学支晓强教授、北京师范大学崔学刚教授、中国中车集团总会计师李铮、中央财经大学总会计师蔡艳艳、中国国新控股有限责任公司金融事业部副总经理薛贵、中国路桥工程有限责任公司总会计师董付堂、中国邮政集团公司宁夏公司总经理胡尔纲，同学们之间的互相交流、鼓励和支持，使我得到了难得的历练和升华。感谢中山大学及其我所在的管理学院提供的工作条件支持！感谢研究团队各位成员的团结、勤奋和努力的工作；特别是要感谢具体负责本书案例部分初稿起草整理的学生，他们分别是刘芷蕙（东山精密并购 MFLX 公司案例）、肖怡欣（时代新材并购德国 BOGE 案例）、易雅雯（长电科技并购星科金朋案例）、魏婕（通源石油并购 Cutters 案例）、郑澜（中国天楹并购 Urbaser）、郑明晖（TCL 并购法国汤姆逊彩电和阿尔卡特手机案例）、潘奕君（吉利并购沃尔沃案例）以及协助进行项目研究报告整理的吴冬梅博士、徐悦博士、杨世信博士，博士生潘奕君，学术硕士生郑明晖和刘芷蕙，感谢他们的认真协助和努力投入！在本书出版过程中，中国社会科学出版社、上海国家会计学院、中山大学管理学院、中山大学社科处、中山大学新华学院和中山大学新华学院会计学院等单位给予了大力支持。在此，谨对所有给予本书帮助支持的单位和同志们表示衷心的感谢。

由于作者水平有限，书中难免有疏漏和错误之处，敬请广大读者批评指正并提出宝贵意见。

刘运国

2020 年 3 月 31 日于中山大学康乐园